乡镇（街道）社工站实务丛书

社工站
督导工作
怎么做

张晓熠 / 主编

中国社会出版社

国家一级出版社·全国百佳图书出版单位

图书在版编目（CIP）数据

社工站督导工作怎么做 / 张晓熠主编；袁小良，郑永君，吴显连副主编 . — 北京：中国社会出版社，2024.7. --（乡镇（街道）社工站实务丛书 / 李焱林主编）. -- ISBN 978-7-5087-7020-8

Ⅰ . D669

中国国家版本馆 CIP 数据核字第 2024HV1532 号

社工站督导工作怎么做

出 版 人：程 伟
丛书策划：王 前 李焱林
终 审 人：王 前
责任编辑：孙 研
装帧设计：尹 帅
出版发行：中国社会出版社
　　　　　（北京市西城区二龙路甲 33 号 邮编 100032）
印刷装订：河北鑫兆源印刷有限公司
版 　 次：2024 年 7 月第 1 版
印 　 次：2024 年 7 月第 1 次印刷
开 　 本：170mm×240mm 1/16
字 　 数：240 千字
印 　 张：15
定 　 价：48.00 元

丛书前言

2006年10月，党的十六届六中全会首次对构建社会主义和谐社会作出全面部署。党的十八大以来，以习近平同志为核心的党中央从党和人民事业发展的角度出发，进一步对社会建设作出了一系列重要论述和重大部署，将社会建设提到了前所未有的高度。社会建设工作是直接服务群众的工作，与群众冷暖息息相关，是我们党人民立场、人民情怀的集中体现。社会建设应坚持服务为先，以保障和改善民生为重点，着力解决人民最关心、最直接、最现实的利益问题。其中，加强和创新社会治理是社会建设的时代课题，是国家治理体系和治理能力现代化的重要内容。

民政部门履行基本民生保障、基层社会治理、基本社会服务等职责。民政工作关系民生、连着民心，是社会建设的兜底性、基础性工作，是国家治理体系和治理能力建设的重要基石。随着社会建设水平的不断提高，民政服务领域不断拓展、民政服务对象持续增加、民政服务诉求日益多元，民政部门迫切需要一支强有力的基层民政服务力量来回应民政服务对象日益增长的美好生活需要。然而，不同于教育、卫健等部门已在基层设立了专门的服务机构、配备了专业技术人员，民政部门长期缺乏专门的基层民政服务专业技术人才和机构。

1987年，民政部在北京马甸举办"中国社会工作教育发展论证会"（学界称"马甸会议"），邀请原国家教育委员会、原人事部、原劳动部等政府部门，以及社会学与社会工作的专家、学者参与讨论，明确将社会工作专业作为民政工作的学科支撑。随后，民政部大力支持北京大学等高校恢复社会工作专业，并陆续出台社会工作者职业水平评价办法、民政事业单位社会工作专业技术岗位设置办法等系列政策文件，推动社会工作专业力量成为民政工作的专业技术人才。但受限于政府机构改革背景下机构编制和人员编制只减不增的红线，在体制内增设社会工作服务机构和社会工作专业技术岗位的尝试步履维艰。

2017年初，为着力破解基层服务能力不足这一长期制约民政事业高质量发展的痼疾，民政部将加强基层民政工作作为贯穿全年的重点任务，通过抓住和"解剖"乡镇这个"点"，查找乡镇民政工作存在的薄弱环节和突出问题，总结各地在实际工作中创造出的好经验好做法，探索可做到、可推广和可持续的长效机制。为深入贯彻落实民政部关于加强基层民政服务能力的工作部署，广东、湖南等地先后通过政府直聘社会工作者、政府购买社会工作服务等方式，开展乡镇（街道）社工站建设，配备一支专业社会工作人才队伍扎根基层一线提供服务，有力地充实了基层民政服务力量，提升了基层民政服务水平，使基层民政力量薄弱这一老大难问题得到了根本性缓解，为各地提供了示范和参考。

2020年10月，民政部在湖南长沙召开"加强乡镇（街道）社会工作人才队伍建设推进会"。会上，时任民政部党组书记、部长李纪恒高度肯定了广东、湖南等地通过建设乡镇（街道）社工站加强基层民政能力建设的做法，要求各地因地制宜、分类推进，全面开展乡镇（街道）社工站建设。2021年4月，民政部办公厅印发《关于加快乡镇（街道）社工站建设的通知》（民办函〔2021〕20号），进一步要求各地加紧制定政策，将乡镇（街道）社工站建设纳入民政重点工作；加强资金保障，统筹社会救助、养老服务、儿童福利、社区建设、社会事务等领域政府购买服务资金及彩票公益金中用于老年人、残疾人、儿童和社会公益等支出资金，优先用于购买乡镇（街道）社会工作服务；把握推进步骤，抓紧制定时间表和路线图，争取"十四五"期间实现乡镇（街道）社工站全覆盖。在民政部的统一部署下，各地社工站建设全面推进。截至2023年1月，全国已建成社工站2.9万个，7万名社会工作者驻站开展服务，总覆盖率达78%，其中8个省份已实现全覆盖，16个省份覆盖率超80%。

乡镇（街道）社工站迅速成为中央和地方各级各部门推进社会建设的重要抓手。党中央、国务院先后在基层治理、乡村振兴等多项国家发展规划中对社工站建设进行了部署，民政部将社工站建设纳入兜底民生和民政事业改革统筹安排，地方政府将社工站建设纳入党委政府民生实事重点工程。乡镇（街道）社工站建设的重要意义包括但不限于以下三个方面：首先，它为民政部门配备了一支与本部门专业对口、由本部门业务管理的基层社会工作专业技术人才队伍。这支队伍不论在数量上，还是在年龄、学历、综合能力、专业素养和工作热情上，都具备较大的优势，为基层民政服务奠定了坚实的组织和人才基础，为民政事业的转型升级和高质量发展提供了人才支撑。其次，它搭建了一个民生服务综合平台。乡镇（街道）社工站从乡镇（街道）层面对辖区内已有服务阵地进行整合和盘活，对村居的兼职民政工作人员、村医、村小教师等已有服务力量进行增能培力，并通过链接各级民政部门、其他各级政府部门资源以及社会慈善力量，因地制宜推动民生服务系统化、专业化发展。最后，乡镇（街道）社工站以服务特定困难人群为切入点，通过联动各方服务特定困难人群的这一过程，撬动社区内外各类资源，调动社区内外各方力量，激发基层社会治理活力，激活社区内生动力，逐渐形成一套社区自我服务机制，创新和完善了基层治理体系。

实践表明，乡镇（街道）社工站建设是一个从调研论证，到顶层设计、项目动员、政府采购、启动实施、项目监管、专业支持及经验成效总结，循环往复发展的过程。这一过程不仅需要省、市、县、乡四级民政部门上下联动、密切配合，也离不开各级财政、人社、组织、审计等相关部门的通力合作、无缝对接，离不开省级项目办、市级指导中心、县市区社工总站的鼎力协助、专业支持，尤其离不开项目承接机构和站点一线社工的积极投身、倾力建设。建设过程延续，建设主体多元，建设内容多样，加之这是一项创新性的工作，各建设主体的参与意识、能力和经验不一，建设成效参差不齐。从各地实际来看，乡镇（街道）社工站建设中普遍存在体制机制不完善、项目承接机构行政和服务管理经验缺乏、站点一线社工专业知识和技能不足等问题，严重制约着乡镇（街道）社工站作用的进一步发挥。

为此，中国社会出版社组织高校社会工作学者和资深社会工作实务工作者，编写了"乡镇（街道）社工站实务丛书"，以期为乡镇（街道）社工站各建设主体持续深入推进社工站建设提供实操指引。本丛书以先行先试地区的经验和案例为蓝本，从乡镇（街道）社工站建设的宏观、中观和微观层面展开详细论述。其中，宏观层面讨论了如何建立健全乡镇（街道）社工站的体制机制，中观层面讨论了如何开展乡镇（街道）社工站的人才培养、督导支持、项目设计、运营管理，微观层面讨论了乡镇（街道）社工站（点）如何提供社区、社会救助、儿童和老年人社会工作服务。

2023年3月，党和国家机构改革，组建中央社会工作部，负责统筹推进党建引领基层治理，指导社会工作人才队伍建设。2024年7月，党的二十届三中全会审议通过的《中共中央关于进一步全面深化改革 推进中国式现代化的决定》进一步作出部署，要"健全社会工作体制机制，加强党建引领基层治理，加强社会工作者队伍建设"。当前，乡镇（街道）社工站已然成为社会建设的重要抓手，丛书的出版既是对本土社会工作实务经验的阶段性总结，也为进一步做好乡镇（街道）社工站建设提供了指引。丛书在编写过程中得到了各分册撰写团队的大力支持，很多专家、学者及社会工作者对丛书的编写提出了宝贵建议，在此表示衷心感谢。乡镇（街道）社工站建设是一项正处于快速发展过程之中的开创性工作，限于编写人员的能力与水平，书中难免会有一些阐述不到位、不准确的地方，还请各位读者多多批评指正并提出宝贵建议。期待在大家的指导和帮助下，共同助力乡镇（街道）社工站更好更快地建设和发展。

目　录

CONTENTS

第 1 章

督导者的自我画像

　　面对一个新事物，我们一般会由表及里地对其进行了解，先了解这个新事物是什么，再更深入地了解新事物的其他方面。这就像画画一样，先确定大致轮廓，再细笔勾勒。因此，本章先介绍如何成为一名乡镇（街道）社工站的督导者，再介绍督导者应具备哪些能力，以及如何提高这些能力。

第一节　督导者的必备能力

　　在了解如何成为一名优秀的乡镇（街道）社工站督导者之前，让我们先认识一下什么是社会工作督导。目前对于社会工作督导的定义并不统一，比如，《中华人民共和国民政行业标准：社会工作督导指南》规定："社会工作督导是具有专业知识、专业能力、实务经验、志趣与意愿的督导者，以社会工作督导的价值为基石、以相关理论为指导，对督导对象进行定期和持续指导、教育、支持和鼓励，以提升其专业水平，确保其服务品质，并传承专业使命，促进专业发展的互动的实践过程。"[①]《社会工作督导指南》中则提出，社会工作督导是指"由资深社会工作者督促、训练和指导社会工作从业人员科学开展专业服务，有效承担工作职责，保障服务对象权益，实现专业成长，促进行业发展的服务过程"。[②]

　　不过，无论用哪种表述方式来定义，我们都不难看出社会工作督导的本

[①]　全国社会工作标准化技术委员会. 社会工作督导指南：MZ/T 166—2021［S］. 北京：民政部，2021.

[②]　Jane Wonnacott. 社会工作督导［M］. 赵环，魏雯倩，等译. 上海：华东理工大学出版社，2015：12.

质是基于一个人对于另外一个人在专业工作中协调工作的理念，这就体现了社会工作督导的本质是两个人之间的关系。通常来说，社会工作督导的对象多是"新手"社会工作者，主要包括：新进入社会工作机构的工作者、服务年限较短且经验不足的初级社会工作者、在社会工作机构实习的学生、社会工作机构的非正式人员（主要是志愿者）。在社工站建设中，社工站督导的对象一般为：一线驻站社工、志愿者、社工站项目承接方的负责人。在实际工作中我们也发现不少社工站服务的购买方，如区县民政部门行政人员、社工站落地乡镇（街道）相关行政人员，也愿意接受专业督导。

要想成为一名出色的督导者，需要具备以下 5 个方面的能力：社会工作知识储备能力、问题分析能力、问题解决能力、情绪稳定能力和运用资源能力。

一、我的社会工作知识储备怎么样

为什么对一名优秀的督导者来说社会工作知识储备很重要？从社会工作价值观来看，社会工作既是一个助人的专业，又是一种服务于整个社会的职业，其所涉及的问题、服务对象、工作场所、介入模式和工作技巧等相对复杂。这对督导者的专业知识提出了极高的要求[①]。从督导的教育性功能来看，督导者不仅需要帮助社会工作者学习和掌握专业知识与技巧，还要促进社会工作者由"知"到"行"，实现知行合一。实现这项功能的前提是督导者自身应该具备完整而系统的社会工作知识以及丰富的专业技巧，能够对从事社会工作的新人进行培养指导。从国内社会工作发展现状来看，社会工作教育在实务层面普遍不足，一方面是社会工作专业教师自身的实务经验较欠缺，另一方面是学生的专业实践在实习时间和能力训练等方面很不够[②]。这就对督导者引导实践的能力提出了要求，而这项能力是以专业社会工作知识为基础的。以上种种都表明，充足的社会工作专业

---

① 尹广文．社会工作核心能力培养和专业教育研究［J］．湖南工程学院学报（社会科学版），2015，25（1）：102-105.

② 易松国．专业本土督导的培养不可或缺［J］．中国社会工作，2011（4）：1.

知识储备是成为一名优秀督导者的基础。因此，对于一名督导者来说，丰富的社会工作知识储备是其最基本的能力要求，是其进行问题分析和提出问题解决办法的前提，脱离了这一点，其他的能力也就无从谈起。

那么作为督导者应该储备哪些社会工作知识呢？何志宇等认为，社会工作作为一门学科，其知识体系主要由价值理念、专业能力和方法技巧三大板块组成，其中最为核心的内容就是它的价值理念，原因在于这些理念不仅决定了社会工作应该服务谁，在开展社会工作过程中需要运用怎样的科学知识和采用怎样的方法，更是社会工作区别于其他助人专业、保持其专业独立性的根本。[①] 社会工作价值理念的具体内容涵盖三个方面：一是社会工作的理念；二是基本权益的理念，这是社会工作的微观和中观目标；三是社会公平正义的理念，这是社会工作的宏观目标。通俗地讲，就是在帮助别人之前先明白什么能做、什么不能做。

专业能力与方法技巧是督导者发挥其他能力的前提，社会工作知识储备是督导者专业能力的重要基础，因此督导者要尽可能地加强相关知识的学习、理解和应用。

在社工站督导过程中，我们可以按照督导对象和督导内容，将督导者应具备的基础知识进行分类（见表 1-1）。

表 1-1　社工站新入职社会工作督导者应具备的基础知识

类别	内容
工作环境	社工站项目承接机构背景； 社工站所在区县（市）的基本情况； 社工站所属乡镇（街道）的基本情况
服务资源和服务对象	社工站建设的政策背景； 社工站现有服务资源； 社工站主要服务对象的基本情况

---

① 何志宇，梁建雄，何雪松，等. 社会工作知识体系的引入 [J]. 中国社会工作，2017（10）：18-19.

续表

类别	内容
专业理论与实践技巧	社会工作专业理论； 适用特定服务对象的专业手法和技巧； 社工站的内在和外在资源
团队服务规范	社工站建设标准； 个案小组活动程序； 其他行政工作要求

二、我的问题分析能力怎么样

问题分析能力对于社会工作督导者来讲是一种相当关键的能力。

首先，社会工作督导就是解决社会工作者的问题，而解决问题的关键在于分析问题。通过对问题的深入分析，一方面可以更全面地认识问题，另一方面通过挖掘问题的本质和原因，来找准问题的解决途径。较强的问题分析能力可以让督导者全面地认识到问题是什么、问题为什么会产生。问题分析能力不仅体现了一名督导者的专业知识储备，还体现了一名督导者的思维能力和综合素养。

其次，社会工作督导所面临的问题一般是多学科、多层次、多因素的复杂问题。这类复杂问题产生于现实需要，这就要求督导者能够在现实应用场景中快速地发现问题并分析问题。问题分析能力是督导者快速适应工作角色，完成工作任务的基本保证。

最后，督导者在解决问题时还需要考虑督导对象实际能力的差异，这就使原本很复杂的问题变得更加复杂。因此，如何将复杂问题分解成不同的子问题，并针对不同子问题找到解决办法，就成了督导者必不可少的能力。

精准分析问题建立在对问题的深刻理解和充分把握之上。既然问题分析能力如此重要，那么该如何进行问题分析呢？

第一，发现问题。分析问题是解决问题的关键，而发现问题是分析问题的前提。什么是问题？周三多先生在其《管理学——原理与方法》一书中提出，问题是指实际状况与所想要的状况之间的偏差。发现问题有以下方法：其一，社工反馈问题。也就是社会工作者在其对服务对象提供服务的过程中或者日常行政工作中，发现自己力有未逮之处，然后将其反馈给督导者。如社工站项目验收评估时，社工反馈不知道如何写总结。在开展个案服务时，社工反馈不知道从哪里链接资源帮助服务对象等。这些都是社工在实际工作过程中遇到的难以独自解决的问题，因而向督导者寻求帮助。其二，督导者发现问题。督导者通过评估来寻找社工的不足，即通过对照标准（期待）表现与实际表现之间的差异，来衡量目前督导对象的不足。比如，督导者以社工站的建设协议、各级主管部门制定的社工站建设标准、社工站优秀社工评选标准等来作为判断标准，再通过对比社工的现实表现与标准规范之间的差距，来确定问题。

　　第二，搜集问题信息。搜集信息可以让督导者充分了解问题、了解问题产生的原因，为后续问题的解决奠定基础。① 搜集问题信息有三种方法：一是通过"5W1H"来梳理和理解社工提供的信息。"5W1H"即 What、Why、When、Who、Where 和 How。What 是指问题是什么；Why 是指问题为什么会发生；When 是指问题什么时候发生；Who 是指问题与谁有关；Where 是指问题发生在什么地方；How 是指问题是如何发生的。从这 6 个方面，可以搜集到问题的基本信息。二是督导者可以通过提问的方式来获得更为准确的信息。提问是将社工提出的某些大而空泛的问题具体化。举个简单的例子：社工问督导者自己该怎样成为一名好社工。这个问题很大，因为一名好社工会涉及价值观、理论知识、实务技巧等多个方面，这个时候就需要督导者通过提问来进一步探索社工真正的目标是什么。常用提问方式有三类，分别为开放式、封闭式和"什么"式。开放式提问是为帮助督导对象更完整地表述问题，比较适合初次见面或问题讨论刚开始时使用。封闭式提问旨在获得事实性或细节性的信息，尤其是在时间有限的情况下，比较适合自信心不强的督导对象。"什么"式提问可以让督导对象自由定义其想要解决的问题，并且保留了提出附加问题的机会。三是澄

---

① 张洪英．社会工作督导理论与方法［M］．北京：中国社会出版社，2018：159-160+167-168.

清。督导者通过澄清来进一步理解问题的模糊或者容易混淆之处，以便能够准确抓住澄清后所真正要表达的信息。澄清可以帮助督导对象在面对很多问题但又需要及时聚焦问题时，识别、确认和排列哪些问题是他们所讨厌的、喜欢的以及优先顺序。前两种方法旨在获得与问题相关的更加详细具体的信息，第三种方法是为了保证督导者能够从获得的大量信息中去粗取精，得到准确的、有意义的问题信息。

第三，梳理分析。当督导者获得与问题相关的信息之后，就可以对问题进行梳理和分析了。一种常用的方法是前文提到的"5W1H"方法。另一种就是问题树法，以需要解决的问题为核心，利用问题树来区分社工提供的信息中哪些是问题的表象、哪些是问题的原因（见图1-1）。

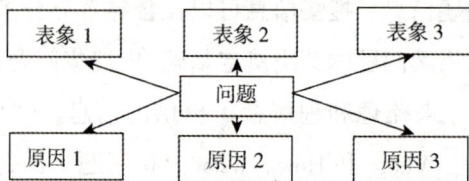

图1-1　问题树法

问题分析是问题解决的前提，分析不正确意味着后续解决方案的错误。因此，督导者需要不断地提高自己的问题分析能力。

案例分享

郭先生曾作为一名督导者在A镇社工站工作。A镇社工站是新建社工站，配备有2名服务岗和1名事务岗社工。为引导新站点及新招聘社工尽快适应工作环境和工作模式，郭先生在开展督导工作过程中一直秉持相伴同行、互为主体的原则，与社工共同开展社工站前期建设工作，极力做好社工身心安顿工作。但在督导过程中，他发现协同督导效果并不理想，同时社工不知道工作该如何着手，遇到与政策有关的问题时也不知道应该找哪位业务干部咨询……问题的出现，归根结底是因为社工站虽然注重办公硬件配套、薪资保障、制度上墙、服务推进等方面的工作，却忽略了社工的环境融入。

社工的环境融入问题体现在以下三方面：一是社工对社区情况了解不

深，对困难群体的情况、社区环境不熟悉；二是社工对基层工作缺乏了解，对基层群众性自治组织（村委会、居委会）、基层政府及其派出机构（街道办事处）不了解；三是协同督导者与一线社工间存在伦理困境，社工时常依赖协同督导者帮忙解答或示范解决问题。

（资料来源：郭有吉《督导心得：社工"身心安顿"的探索与反思——以 A 镇社工站为例》）

三、我的问题解决能力怎么样

发现问题和分析问题，最终目的还是解决问题。问题能否得到解决，关键就看这名督导者能否在问题分析的基础上制订出切实可行的解决方案。

那么该如何制订切实可行的解决方案，并使它完全落实呢？

第一步：拟订解决方案。我们分析完问题，就要针对这些问题拟订解决方案了。拟订方案一定要瞄准问题，因为督导过程中发现的问题一定程度上反映了行动目标。瞄准这些问题才能有针对性地拟订方案。督导者可以和社工共同商量制订方案，这样既能够发挥社工的聪明才智，锻炼提升社工的问题解决能力，又能够增进社工对方案的熟悉和理解程度，为后续方案的实施奠定基础，而这同样是督导的目的之一。

第二步：选择解决方案。简·旺纳科特（Jane Wonnacott）认为，决策树是选择方案的有效方法，它能够充分了解所制订的方案可能带来的结果及其影响。[①] 决策树的运用过程如图 1-2 所示。

我们以督导者指导社工处理家庭暴力的工作为例：

——明确必须要作出的决定。即对于家庭暴力，我们应该采取行动吗？

——实施行动，我们有哪些选择？此时通常列举不超过四个选择（途径）。例如，劝说和警告施暴方；直接报警处理；建议被施暴方暂时分开；

---

① Jane Wonnacott. 社会工作督导［M］. 赵环，魏雯倩，等译. 上海：华东理工大学出版社，2015：103-104.

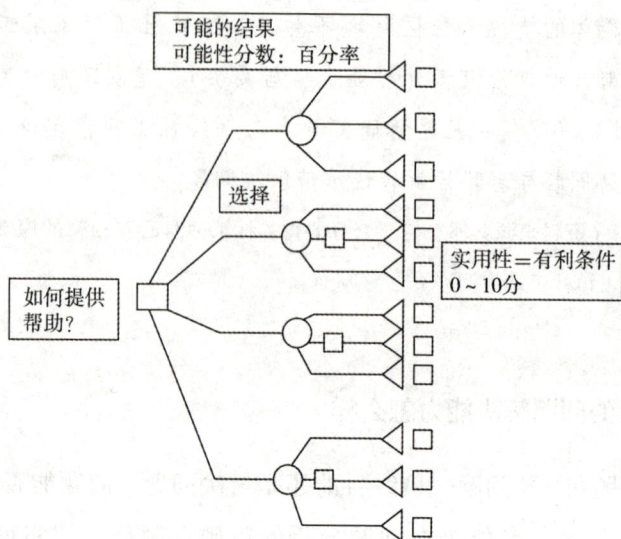

图 1-2　决策树

邀请双方父母共同参与处理。

　　——预估每个选择可能出现的结果，写在从四个圆圈延伸出的横线上。如对于"劝说和警告施暴方"，结果可能是：施暴方被激怒，与社工发生冲突；引发更多的家暴；冷暴力增加；改善，不再家暴。

　　——对每个结果都给出可能性分数。0 = "不会发生"，100% = "肯定发生"。所有结果的分值合计应该是 100%。

　　——运用专业判断，评测每种结果的合意度分数，从 0 至 10 进行评分，其中 0 = "最不合意"，10 = "完全合意"。

　　——将每种结果的可能性分数乘以合意度分数，然后把分数加在一起，并在相关选择的圆圈里写下总分。总分最高的即是最高成功可能性与最高合意度相结合的选择。

　　第三步：落实解决方案。落实解决方案是问题解决的关键步骤，直接影响问题能否解决以及解决的效果。周三多等认为，在方案实施过程中应当注意以下四个方面的工作：第一，制订相应具体措施，保证方案的正确实施；第二，确保方案被成员充分理解和接受；第三，明确每一个人的责任；第四，建立工作报告制度，便于方案的调整。① 关键在于督导者要让自己所督导的社工都明确且接受其工作内容，并且要重视对社工工作成效的过程评估，以便及时给予督导。

第四步：对执行的结果进行评估。落实解决方案，并不意味着问题就全面完美解决了，督导者要去了解最终执行结果怎么样，是否还有改进提升的空间，从而为下一步的督导工作提供支撑。简言之，就是总结经验。评估执行结果应当是督导者与社工共同进行，因为这不仅是让社工甚至督导者学习和增长经验的好时机，同时也是督导者与社工进行沟通、增进双方关系的重要时机。因此，对执行结果进行评估是问题解决过程中必不可少的一个环节。

综上所述，问题的解决建立在问题分析的基础上，如果在问题分析阶段没有准确找出问题出现的原因，那么建立在此分析之上的问题解决方案的效果就会大打折扣。在问题解决方面则需要重点关注方案的选择和落实。能否选择恰当的解决方案决定着能否解决服务对象所面临的问题；能否完全地、不打折扣地落实解决方案则决定着能否实现最终的工作效果，进而影响社工的服务质量。

案例分享

郭先生面对协同督导效果不好、社工环境融入差的情况，与社工们商量后，一致决定探索其他的实践方式，并据此制订了第四季度的工作计划：

第一，前期侧重熟悉政策及基层行政运行机制。社工站在协助公共服务办做好低保、特困人员年度核查工作的同时，也积极协助公共服务办窗口的服务工作，从而逐渐熟悉村（居）委会和基层政府相关人员的具体工作，熟悉基层政府整体运作流程，并且与村（居）委会、基层政府建立良性互动关系；加强事务岗社工与服务岗社工的团队融合。

第二，注重运用现有的行政资源掌握情况。社工要积极运用政府信息

---

① 周三多，陈传明，刘子馨，等．管理学：原理与方法［M］．7 版．上海：复旦大学出版社，2018：150.

资源了解困难群体情况，掌握政府部门建立的困难群体相关信息档案及相应政策。同时通过协助窗口服务熟悉各困难群体情况。

第三，注重共同制订工作计划。站长（分管领导）、常务副站长（公共服务办主任）、督导者和社工共同商量并制订季度工作计划，同时加强学习相关政策知识，建立知识体系，完成社工服务方案制订的调研工作。

第四，注重团队培育。社工可以主动向督导者申请团队培育，得到督导者更多的支持和帮助，以期在下一年全面实现"一村（居）一社工"的目标。督导者通过手把手带领，帮助社工加强专业知识学习，积极培育现有团队。

问题解决成效：

一是融入基层，互相补位。服务岗社工逐步融入社区，与乡镇（街道）和村（居）委会人员关系更为融洽。同时基层政府和村（居）委会对社工们更加理解和认可，更加理解社工的角色及任务，给予社工开展专业服务更大的空间和支持。

二是团队融合，认清角色。服务岗社工是社工站新进人员，在身份、环境上都需要重新适应。而事务岗社工原来的身份是残疾专员，被社工站整合后，需要对其在心态、角色认知层面给予进一步疏导与调整。同时服务岗和事务岗社工需要进一步磨合，以便更好地开展服务工作。经过两个月的工作磨合与督导，两种岗位的社工进入角色更顺畅、工作协助更紧密，专业能力在更有利的环境中得以提升。

（资料来源：郭有吉《督导心得：社工"身心安顿"的探索与反思——以A镇社工站为例》）

四、我的情绪稳定能力怎么样

情绪稳定能力是社会工作督导的润滑剂，是其他能力发挥的放大器。情绪稳定能力对于督导者来讲是一项相当重要的能力。社工会吸收许多来自服务对象的负面情绪，督导者就和一线社工一样，需要为社工提供情感支持，也必然会在工作过程当中吸收来自社工的负面情绪。督导者同样会产生职业倦怠感，也会感受到来自四面八方的压力。但是督导者和社工的不同之处是，社工们可以从督导者那里获得情感支持，从而缓解压力，而督导者很难从他人那里得到情感支持来缓解自己的情绪，释放自己的压力。因此，对于督导者来讲，拥有自我情绪的稳定能力就非常重要。

在解决督导者的情绪稳定问题之前，我们需要先弄清楚督导者为什么会情绪不稳定，有哪些因素会导致督导者出现情绪问题。任玮琪[①]研究发现，导致督导者情绪不稳定的督导压力有两类：一是督导者的个人原因；二是督导双方的差异。督导者的个人原因体现在三个方面：第一，督导过程中问题没有解决，督导者对自身能力的怀疑与不自信；第二，督导者一般承担着多重角色，导致在督导实践过程中出现角色冲突，比如，在讨论过程中分不清楚是在督导还是在进行简单的分工讨论；第三，督导者在工作与生活之间的冲突——工作时常挤压正常家庭生活。督导双方的差异体现在三个方面：第一，能力上的差异，督导对象有时不能如督导者所期望的那样完成工作，督导者因此会产生失落感；第二，督导双方缺乏情感联结，出现不信任的情况；第三，督导双方对督导的认知不同，使得双方出现冲突。

卡杜山和哈克尼斯[②]认为，督导者的压力主要源自以下四个方面：一是在成为督导者的工作转变过程当中，需要重新厘清自己所需要的行为和态度，在这个过程中督导者会产生压力。二是督导者会在工作期间产生压力，比如成为"榜样"的压力、平衡互为冲突的需求和期望的压力等。三是社会工作中工作对象的多样性不断增加，也会给督导者带来压力。四是作为联结社会服务机构和社会工作者的督导者，需要协调关系促进各群体的沟通，这同样会增加督导者的压力，进而产生情绪问题。

针对以上问题，卡杜山与哈克尼斯在其著作《社会工作督导》一书中，总结保持情绪稳定的方法主要有以下几个：一是督导者可以通过增强

---

① 任玮琪. 中国本土社会工作督导者压力的研究［D］. 济南：山东大学，2021.
② 卡杜山，哈克尼斯. 社会工作督导［M］. 郭名倞，等译.4 版. 北京：中国人民大学出版社，2008：220-247.

工作满足感的方式来提升自身对不良情绪的抵抗性，比如从督导对象那里获得比较积极的回应与反馈。二是督导者要合理把握自己与督导对象之间的关系，不能过于亲近，也不能过于疏远。过于亲近，会增加督导对象的依赖性，导致工作压力提升；过于疏远，会引起督导对象的抗拒，降低督导效果。三是督导者要接受自己的权威和影响力的有限性。督导者可以采取各种措施来激发社工的积极性，提升专业能力，但是并不能代替社工来对工作感兴趣。四是督导者可以增加社会互动，合理地宣泄自己的情绪。五是督导者要不断提升自己的专业素养，进而提升解决工作问题的能力，增强工作自信心。六是督导者可以通过回顾自己的职业初心、更新自己的使命感的方式抵御职业倦怠感。七是督导者有时需要重构自己的认知，因为部分督导者会过度高估自己的重要性，认为缺少自己不行，并会因为督导对象的工作失败而感到自责。八是督导者可以合理地安排督导工作，结构性地安排督导内容，遵循轻重缓急、有易有难的原则。

综上所述，督导者比督导对象更需获得充足的情感支持，更需要具有较强的自我情绪稳定能力，只有调节好自己的情绪，处理好自己的情绪问题，才能更好地工作，实现服务目标。

知识链接

一种情绪处理方法

埃利斯情绪理论——ABC 理论认为：情绪并不是由某一诱发事件本身直接引起的，而是由经历这一事件的个体对这一事件的解释和评价所引起的。对事件正确的认知一般会导致适当的行为和情绪反应，而错误的认知是导致不良情绪产生的直接原因。而导致人们对事件产生错误认知的，往往是某些不合理的信念。简单来讲，情绪不是因某件事而出现的，而是自身对这件事的看法所引起的，看法正面则情绪正面，看法负面则情绪负面。举个简单的例子（见表 1-2）：

表1-2　ABC 情绪理论应用

事件：督导效果不理想			
原想法	我真没用，看来我不适合干这一行	引发情绪	失落、沮丧、无力等
驳斥原想法：没有谁是常胜将军，总会遇到督导效果不好的时候			
新想法	我或许可以从这次督导中学到什么	引发情绪	对以后工作的信心

（资料来源：田涛《大学生如何进行自我情绪管理》）

五、我善于运用资源吗

所谓资源就是一切能被人类开发利用的物质、能量、信息的总称。具体到社会工作领域就是在从事社会工作的过程当中所能够动用的一切人力、物力、财力、文化、组织等资源的总和。2021 年发布的《社会工作督导指南》强调督导者要有效利用组织服务资源，链接内外资源，支持督导对象开展服务活动。这就意味着督导者应当重视资源链接者这一专业角色。

为什么作为督导者要善于运用资源呢？

首先，从某个具体服务对象来看，其面临的问题可能涉及衣食住行等各个方面。其次，从社会工作实务覆盖的领域来看，涉及妇女、儿童、青少年、老年人、残疾人、家庭、医院、学校、社区、企业等多个领域。仅仅依靠社工、督导者、机构是远远不够的，需要整合各方面的资源才能够提供高质量的服务。最后，从督导过程来看，督导对象多是刚从事社会工作的新人，没有足够的资源去满足服务对象复杂多样的需求，需要督导者链接整合资源帮助督导对象开展社会工作。

案例分享

在长者院舍社会服务项目中，彭、刘两位督导者发现对于老人生理功能不断退化的问题，除了需要社工提高专业服务，也需要医生、康复师、心理医生、护工等专业人士充分发挥各自的职能，为老人提供多元服务。

同时本土督导者在专业服务以及督导的过程当中会积累比较丰富的社会资源网络和资源链接的经验，因而督导者本身不只是一个独立的个人，而是一个丰富资源的链接点。因此督导者需要协助年轻社工做好资源链接，逐渐建立其在老年领域的资源网络，并在督导和培训当中提升年轻社工的资源链接意识、能力与经验的积累。

（资料来源：李晓凤《社会工作督导：理论与实务及本土经验反思》）

比如，社工们打算组织义剪，但是社工本身不会剪头发，同时由于这些社工是刚入行的新人，也没有相关可以利用的资源。此时就需要督导者帮助社工联系理发店来进行义剪，以保证服务活动能够正常进行。

同时，即使督导对象有一定的资源链接能力，但是面对日益多样化的服务需求，也需要不断充实自己的资源库。

督导者能够运用的资源有哪几种呢？根据资源的来源分为以下几类：第一，社会工作机构自有资源。包括组织所拥有的人力、物力、财力，以及已经和机构建立合作关系的资源方。机构是社会工作者执行各种项目的支撑力量，通常拥有一定的社会资源，督导者可以借助机构的资源库，来帮助社工顺利展开工作。但机构的某些资源从地缘关系上讲不一定隶属社区，因而可能难以利用。第二，社区推荐。社区工作人员是社工开展服务项目联系最密切的合作伙伴。村（居）委会作为基层群众性自治组织，是社区中掌握信息最多、最熟悉和最了解社区各种情况的主体，因此督导者要积极引导和支持社工与社区工作人员保持良好的信息共享和工作交流，以从中获取资源和支持。由社区推荐的资源，一般都有较高的质量和较强的可靠性。第三，外展链接。这一部分资源是比较难运用的，因为彼此之间的信任还没有稳固建立起来。对于此类资源，需要督导者带领成员通过走访、沟通等形式进行磨合，逐步建立起信任和互惠关系。第四，第三方转介。保持良好合作关系的资源方可能会主动推荐自身人际网络体系或组织网络体系中的成员来进行合作。同时，同行社会工作机构、政府同批购买的项目、居民骨干等也可能成为资源的转介者。第五，慕名而来。团队有了一定影响力后，有些社会资源会主动上门寻求合作。①

从理论上讲，督导者能够动用的资源是相当丰富的。那么问题就是，督导者该如何做才能有效地链接这些资源呢？肖覃②认为，可以从"3W+1H"角度来进行思考：第一个 W——What，也就是需要什么资源。对于这个问题，督导者可以从服务对象的角度进行思考，因为督导的目的就是要保证社工能够为服务对象提供高质量的服务，所以督导者应考虑社工想要解决服务对象的问题需要哪些资源。只有明晰了需求，才能有针对性地链接资源。第二个 W——Where，也就是所需要的资源在哪里。对于这个问题，督导者需要对资源有所了解，要了解哪里有想要的资源，这些资源被谁掌握着。这个时候如果有一份相对完整的资源图，工作就会轻松许多，督导者可以从机构那里获得或者督导者在日常工作中与自己的团队成员一起收集制作。第三个 W——When，也就是何时需要这些资源。资源也是具有时效性的，因此督导者必须要强调使用资源的明确时间，只有这样，资源才能真正发挥支持作用。一个 H——How，也就是该如何获得资源。对于机构自身所拥有的资源，督导者可以协调使用；对于非机构所属资源，需要督导者和社工通过走访、沟通等方式与资源方建立互惠互利的合作关系。

做完以上工作远远不够，还需要督导团队管理和维护这些资源，建立资源库，以方便今后的服务工作。潘行登③认为，建立资源库要坚持两个导向：一个是问题导向，也就是从服务对象的问题出发，以满足服务对象需求为目的，但要重点回应服务对象的共性需求，强调需求满足在地化；另一个是目标导向，即从机构的目标定位出发，形成类型多样的资源库，但要重点回应服务区域的整体需求，强调服务平台化。

管理与维系资源，需要运用以下技巧：第一，管理信息化，这不仅有利于资源库的更新，而且便于对资源进行分析；第二，定期通知资源使用

① 陈欢欢. 这 10 种社区资源链接的渠道和方法，社工不可不知！[EB/OL].（2021-02-28）. https：//www.sohu.com/a/453219850_ 491282.
② 肖覃. 社区资源整合"三部曲"[J]. 中国社会工作，2016（6）：31.
③ 潘行登. 乡镇社工怎样链接社会资源 [J]. 中国社会工作，2021（30）：40.

情况，目的是让资源方了解资源的运用及运用效果；第三，定期寄发有关刊物和发送活动信息，不仅可以加强联系，吸引资源方的持续关注，还可以通报工作，增加双方互信；第四，定期组织会议或联谊活动，增进彼此的信任合作关系；第五，节假日送祝福和关怀，可以让资源方感到受重视；第六，建立意见交流园地，及时听取资源方的建议；第七，可以适当在公开场合或者某些渠道表达对资源方提供支持的感谢；第八，平衡资源的使用，防止资源被闲置或者过度使用。①

总之，督导者需要学会链接各种资源帮助社工满足服务对象的需要，同样还要能够对已建立合作关系的资源方进行管理和维系，为今后的工作提供便利。

第二节　督导者的能力修炼

从前文我们已经知道作为一名优秀督导者应该具备的能力，就像我们获得了一本"武林秘籍"，知道最高级的"武功"可以达到什么境界，但是要如何一步步修炼出这些"功力"呢？这是一个长期的过程，也是一名督导者成长的必经之路。

一、修炼督导实务能力

修炼督导实务能力就是增进督导者处理督导过程中实际事务的能力。学习理论的目的是指导实践，因此如果督导者无法解决督导过程中的实际事务，那么就很难帮助社工去实现服务目标，督导者也就失去了存在的意义。因此，督导者应当注重将"知"转化为"行"，不断提升自己的实务能力。

———————

① 肖覃. 社区资源整合"三部曲"［J］. 中国社会工作，2016（6）：31.

对于督导实务能力的修炼，根据周文坤①先生的研究，总结为以下几个方面。

第一，督导者需要树立作为督导者应当具有的价值观。树立价值观是为了让督导者找到自己作为督导者的原则和理念，进而在从事实务工作时，既能解决问题，又能够做到不会越界。也就是督导者清楚自己什么能做，什么不能做。

第二，督导者需要制订个人成长计划。俗话说，"凡事预则立，不预则废"。督导者需要针对实务来制订自己的年度成长计划。完整的个人成长计划包括成长需求、成长目标、具体事项、完成时限、评估方法等，不求"高、大、全"，但应具有针对性和可操作性。但是制订个人成长计划的前提在于要找准自己的专业成长方向和职业定位，进而选择适合自己的学习方法，进行有计划、有目的的学习。

第三，督导者要掌握相关实务知识与技巧。实务知识是基础，没有一定的实务知识，那么督导工作就是"无源之水、无本之木"。比如6个常见的社会工作督导实务模型，包括管理模型、"保姆在侧"模型、现场督导模型、对话模型、经典模型、关怀模型。② 这些实务模型是指导社会工作实务的概念性框架，也是督导工作的行动指南。还有较为常见的三种督导方式，分别是个别督导、团体督导、同事督导。当然还包括督导的准备、阶段、策略、技巧等。

第四，督导者要加强督导实践，积累实务经验。实务能力的提升最直接的方式就是一次次的实践。每一次实践经历，都是一次学习；每解决一个实实在在的问题，都是一次实务能力的提升。仅凭借理论学习是没办法成为一名出色的督导者的，需要在实践中边学边做，才能将"知"转化为"行"。只有经历得够多，方能在今后的实务督导中得心应手。若是没见过，何谈提出具有可操作性的解决方案呢？

---

① 周文坤. 督导者如何提升自我督导能力［J］. 中国社会工作，2018（33）：55.

② 李晓凤. 社会工作督导：理论与实务及本土经验反思［M］. 北京：中国社会出版社，2016：31.

第五，督导者要积极参与督导培训。督导者除了可以通过学习并在实务督导中增强自己的能力，还可以参加社会工作督导专题培训。不仅能够增进和完善理论储备，还可以学到相当实用的实务技巧与经验。

第六，督导者要善于反思总结，定期复盘。正所谓"学而不思则罔，思而不学则殆"。督导者仅仅具有大量的实务经验是远远不够的，实务经验是感性认识，只有通过反思、复盘，才能将实践得来的感性认识上升为理性认识。督导者需要通过对督导经历的回顾、分析，总结思考过去针对某些情况所提出的建议是否有更加恰当的选择。可以依据督导会议的记录、工作报告、社工的反馈等进行反思、复盘。

第七，重视上级督导作用。在社会工作中，上级不仅仅是领导，他同样可能成为督导者。上级不仅能够调动相当的资源，通常还具备很多督导经验。因此，督导者可以向上级请教、学习，这不仅能够获得实务工作经验，还能够获得上级的理解与支持，进而获得更多资源上的支持，提高工作效能。

第八，督导者要时时"充电"，不断更新和提升。社会是不断变化的，社工所面对的服务需求也是不断变化的，因此督导者所面对的情况也会随之多样化。在过去的环境中，所使用的方法是有效的，但是在新环境下不一定有效。所以督导者需要不断地更新自己的知识与技巧，尽可能避免出现临阵磨枪的情况。

简单地讲，理论学习是为了知道是什么、怎么做及背后原因，而具体实践是验证做得怎么样，怎样做更有效。正如马克思在《关于费尔巴哈的提纲》中指出的那样："哲学家们只是用不同的方式解释世界，而问题在于改变世界。"对于督导者来说，掌握督导的相关知识很重要，但更重要的是学会如何用理论指导实践。

二、修炼团队管理能力

团队，即工作团队，指的是由多个成员根据功能性任务组成的工作单位，其主要特征是团队成员承诺共同的工作目标和方法，相互积极配合协作，相互承担责任。① 从该定义出发，我们可以看到一个团队所具有的特性：多个人、共同的目标、每个人有自己的行为并且关注团队其他成员的行为，强调沟通与协作。作为社工站，建立团队的目的是更好地向服务对象提供服务。从目前社工站的发展情况看，除了广东的"双百工程"驻站社工团队可达 10 余人规模，其他省市一个社工站的团队大概只有 2~5 人。团队既可能是成员很少的，也可能是低效率的。那么一个高效的团队应该是什么样子的呢？陈锦棠②认为，一个高效的团队应该具备以下特征：团队成员之间持续互动；团队倾向于更持久的生命力；团队成员经常在一起；成员间经常有面对面的接触。

　　既然社工站建立人员团队的目标是更好地为服务对象提供服务，而实现这个目标的前提则是团队工作要有效率，那么督导者应该如何通过管理来提升团队的工作效率呢？

　　第一，注重成员。首先，在团队成立之初，就应当谨慎考虑团队中专业人员的数量与类型。莫克斯利（Moxley）认为，团队规模会影响到矛盾产生的可能性，因而团队能够达到实现工作目标所需要的规模即可。其次，在一个团队中"人—岗"匹配是极为关键的一点，只有让个人处在其擅长的岗位上，才能既调动其积极性、发挥个人的才能，还能推动个人、团队的共同发展，进而高质量完成工作任务。例如，某行政岗位急需补充社工，机构却随意安排一名擅长专业实务而非行政实务的社工去补岗，③这样安排显然是一种"需求错位"④。督导者作为机构和工作者之间的联系纽带，了解工作的具体情况，知道工作所需要的知识、技能和态度，因此督导者应当适当参与员工招募标准的制定，并按照标准来对候选人进行面试。最后，增强团队凝聚力，让团队成员之间形成一种合作关系而不是竞

---

　　① 严梅福．团队管理与团队建设 ［J］．湖北大学成人教育学院学报，2004（2）：6-8.

　　② 陈锦棠．社会工作督导：经验学习导向 ［M］．上海：华东理工大学出版社，2018：137.

　　③ 吴学成．浅议社会工作督导角色与功能定位 ［J］．大社会，2018（10）：64-67.

　　④ 卡杜山，哈克尼斯．社会工作督导 ［M］．郭名倞，等译．4 版．北京：中国人民大学出版社，2008：39.

争关系，从而使团队成员成为一个整体。增进成员之间的互相了解，不能掩盖成员间的矛盾，而应及时予以妥善处理。可以采取举行生日会、茶话会、团建拓展等团队活动的方式，增加成员交流机会，促进互相了解。

第二，重视会议。会议是沟通交流、推动工作的重要方式，督导者应该使自己在以下 5 个方面更加积极主动（会议中督导者如何操作）：

增进互动——给予团队成员之间更多的人际交流互动时间；

回顾——提供已取得成果的简要回顾；

构建——强调工作方针与规则；

建设性工作——制订详细的书面计划；

完成——检查核心人员的计划进展情况。[①]

第三，沟通有效。沟通是最为基础的管理工具，对于团队管理很重要。对于团队，沟通最主要的目的就是彼此获得最真实的信息。[②] 督导者需要及时向一线社工传达机构的各种管理制度，解读机构的各种规定和信息，引导成员端正工作态度。同时，督导者通过有效沟通及时获得一线社工的信息，从而合理地安排工作，进而推动机构作出正确决策。因此，对于督导者来讲，一定要保证团队内部以及团队与机构之间的沟通是有效的。

第四，工作安排。合理安排工作是团队管理的重要内容。工作安排得合理，能够有效发挥各个成员的能力；安排得不合理，会增加成员压力，引发甚至激化成员间的矛盾，影响团队目标实现。这部分内容将在本节第四部分详细介绍。

第五，团队激励。通过正确的激励方式，让团队成员产生某种动机，进而引导成员做出有利于团队的行为。对于激励，督导者首先要能够区分保健因子和激励因子。保健因子一般与工作环境有关，比如机构性质和管理政策、工作时间与条件、报酬与晋升等；激励因子一般与工作本身的性

① 陈锦棠. 社会工作督导：经验学习导向 [M]. 上海：华东理工大学出版社，2018：140.

② 吴学成. 浅议社会工作督导角色与功能定位 [J]. 大社会，2018（10）：64-67.

质有关，比如督导者的认可、工作自立、自我发展的机会等。其次，督导者要保持激励公正①。常用具体做法有：向督导对象清楚地表达自己的期望；与督导对象共同拟定"合同"；及时并持续地反馈与评估；注意制度效力和工作团队的动态状况。

案例分享

　　督导者綦峥峥在从事残障服务督导的过程中发现，康复服务领域的机构和细分职业众多，社工又存在岗位和项目服务模式的区别，跨专业团队的建立与管理显得尤为重要。团队建立与管理的目标应定为避免服务碎片化、割裂化，促进服务的整合、延续，保障服务质量。

　　綦督导在工作中摸索出了一套自己的团队建立与管理方法。首先，要有意识地为分散的岗位尽量安排一些集体督导，加强团队建设，建立团队QQ群，增加社工沟通工作和融洽关系的交流机会。为培养团队合作精神，可以安排一些任务让社工协作完成，如大型宣传活动、社区活动等。其次，可以多运用同辈督导模式，根据社工的兴趣和工作需要，建立不同的学习小组，引导和鼓励社工多交流分享。最后，可以安排社工生日会、年度表彰会等，邀请机构高层参加，让社工感受到机构高层对一线社工的关心；鼓励社工以团队名义承办机构层面的活动，增加社工和机构间的连接，促进团队稳定。

　　綦督导通过个案需求分析、结案评估会议的形式，让参与的工作伙伴都理解个案管理，以合作服务的形式建立起跨专业合作团队。同时，鼓励社工参与其他工作团队的会议，组织社工和其他工作伙伴开展团建、交流，以巩固跨专业建立的合作团队。

　　　　　　　　　（资料来源：李晓凤《社会工作督导：理论与实务及本土经验反思》）

---

　　①　陈锦棠. 社会工作督导：经验学习导向［M］. 上海：华东理工大学出版社，2018：60.

总之，团队建设的重心在于人，目标在于发掘成员的潜力。① 社会工作就是一群人运用专业的知识设计并提供"产品"（社会服务）满足另一群人的需要。督导者能否"识人、用人"就决定了"产品"（社会服务）是否有"买家"——政府、组织或个体。正确运用各种方法措施都是为了让社工更好地提供"产品"（社会服务）。

三、修炼培训能力

为什么需要培训？卡杜山和哈克尼斯认为，社会工作督导的终极目标是提供高效率且有效果的服务。只有不断提高社会工作者的专业水平，才能保障和提高服务质量。② 但是现实当中很多从事社会工作的人缺乏专业训练：即使学习过相关理论知识，但仍然缺乏实务经验；即使经过专业训练，但对新知识、技巧和方法仍有急切需求；即使通过了社会工作职业资格水平考试，也不等于具备了相应的实务操作技能；即使以上条件都具备，但是社会和服务对象的需求也是复杂多样和快速变化的，服务中会遇到很多新的问题。因此，这就需要专业培训了。

那么督导者该如何修炼培训能力？

第一，了解成人学习的特殊性，制订恰当的培训规划。陈锦棠先生认为，影响学习有两个重要因素：一是学习者特性；二是指导的品质。通过了解成人学习的特殊性，进而知道如何在学习过程中提供最好的帮助。③爱德华·伯恩斯坦（Eduard Bernstein）认为，成年学习者有以下特性：有实际经验；有成功与失败的经历；有很强的自尊心；有许多问题与责任；很忙碌，休闲时间相对较少；有更多现实动力来改善文化与学习。④

---

① 蔡屹，何雪松. 社会工作人才的三维能力模型：基于社工机构的质性研究 [J]. 华东理工大学学报（社会科学版），2012，27（4）：17-26+53.

② 张洪英. 社会工作督导理论与实务 [M]. 北京：中国社会出版社，2018：5-6.

③ 陈锦棠. 社会工作督导：经验学习导向 [M]. 上海：华东理工大学出版社，2018：38.

④ 李晓凤. 社会工作督导：理论与实务及本土经验反思 [M]. 北京：中国社会出版社，2016：33.

基于成年学习者的特性，社工站督导者在制订培训规划时，可参照以下原则：以问题为中心，而不是以内容为中心；鼓励督导对象自主地、积极地参与；鼓励督导对象将过去的经验引入新的学习过程中，以发展新的视角；规划与评价应由双方共同完成；在评价需求与效益时，尊重督导对象的评估想法十分重要；鼓励督导对象通过生活经验来学习，而不是通过单一的、缺乏反思的"传送与吸收"。

第二，选择恰当的培训方式。卡杜山与哈克尼斯①认为，促进员工发展的方式有两种：一是在职培训；二是教育性督导。所谓在职培训就是某一特定群体所提供的有计划的正规培训，培训内容针对的是某一特定群体所普遍存在的问题，但不针对任何具体的一员。所谓教育性督导是指向某一特定的社会工作者提供的个性化培训方案，针对的是某一社工的具体工作。在职培训与教育性督导互相补充，在职培训对于实务工作具有普遍意义，教育性督导则是针对某一具体个人，讲究因势利导、因材施教。因此，对于普遍存在的问题，可以选择具有普遍意义的在职培训方式；对于某一个社工的具体问题，可以选择教育性督导方式。这也是目前督导者会将个别督导和团体督导两种督导方式结合起来的原因。

第三，掌握技巧，提升培训成效。卡杜山与哈克尼斯认为，督导者可以运用一些原则与技巧来提升培训的效果。

一是督导者作为培训者必须要熟知培训内容，并且要懂得如何更好地进行培训，同时还要积极塑造良好的学习氛围。

二是督导者要善于提升社工的学习热情，激发其学习积极性。具体技巧是：督导者要解释学习内容，强调学习的具体用途和意义；将社工缺乏学习兴趣的内容和其感兴趣的内容结合起来；想方设法地保护社工的学习热情与积极性。

三是督导者要能够帮助社工将自己的精力充分地投入学习。具体技巧是：合理地安排学习内容，减轻学习压力；在允许的范围内尊重社工的自

---

① 卡杜山，哈克尼斯．社会工作督导［M］．郭名倞，等译．4 版．北京：中国人民大学出版社，2008：102.

主权；肯定社工已有的知识与能力，并将新知识与旧知识联系起来；增强社工的学习信心。

四是督导者要注意使社工体会到更多的学习成就感。具体技巧是：督导者不能提出明显超出社工学习能力的学习要求；对社工已取得的专业成功给予表扬，宜明确所表彰的具体行为；定期评估学习成果，但次数不能频繁；适当分解学习内容，且学习内容的安排要遵循由简到繁、由易到难的顺序；帮助社工做好面对失败的准备。

五是督导者要鼓励社工积极参与学习的过程。具体技巧是：鼓励督导对象参与日程安排；鼓励社工提问、讨论、反驳与质疑，并为其提供机会；让社工所学的知识有用武之地。

六是督导者要对培训内容进行合理安排。具体技巧是：从督导对象的兴趣与关注点出发选择培训内容；选择内容时要有轻重缓急之分；可以通过有想象力的重复让社工更好地掌握学习内容；督导者的培训计划应是连续的（深化内容）、循序渐进的（拓宽知识）、完整的（举一反三）。

七是督导者在培训时要因材施教。具体技巧是：通过教育性诊断来确认督导对象最迫切的学习需求及适合哪种教授方式；要让社工积极参与自身已有知识和想要学习内容的评估；根据学习速度的差异开展个人化的教学。

综上所述，培训工作不是督导者的独角戏，要以督导对象为中心，积极调动他们的学习积极性，激发其学习成就感；塑造接纳的、有安全感的学习氛围，让督导对象积极地参与学习。

案例分享

情景再现：曾经有一位社工跟我说："助人自助的意思是，帮助服务对象的同时，也成就了社工自己。"这是一部分社工对"助人自助"的理解，甚至有些社工连三大工作方法都不知道，即使知道，也只有在参加"社工考证"时才用到，因为大家每天面对的工作就是做项目，搞社区活动，然后发放小礼品，工作中根本没有涉及个案服务、小组服务等。

督导介入：毫无疑问，上述社工一定是个"小白"了。有人说"白纸一张更加容易操作"！如果在你的团队中，有个别这样的社工，他/她一定是督导工作的重点；如果有"一小撮"这样的社工，那恭喜你，可以开展小组工作了，用"团体督导"的方式最合适！

如果是个别社工：督导者可以让社工从实际工作中逐渐总结经验。我面对这样的社工：第一步，给社工一份机构已经申请成功即将开展的项目书，让他/她看；第二步，询问社工从项目书中看到了什么，接下来社工要做什么样的事情，目标是什么；第三步，让社工根据项目书制定周期内项目推进表，一定要详细可执行；第四步，让社工根据项目推进表开始策划、开展服务，从第一个活动开始，遇到问题，督导者及时给予支持；第五步，督导者可根据相应情况，对督导"小白"社工的步骤进行总结，必要时可梳理项目操作流程及过程中运用的相关表单，以备在机构更大范围内推广。

如果是部分社工：督导者可以采用"团体督导""朋辈督导"的方式，让这些社工尽快入门。比如，在我的团队中，曾经有 4 位都是"非专业"出身的社工，并且工作年限也不长，我们更多的是通过"团体培训"的方式开展社工入门培训、三大直接方法培训等，让我们的社工边做边学，因为接下来的项目可能马上会用到，学习的效果也会更好。

（资料来源：左桂娟《督导如何才能更好地帮助社工成长？》）

四、修炼工作规划及执行能力

"凡事预则立，不预则废。"一份工作规划的制订虽然会耗费大量的时间与精力，但是它在工作中发挥着巨大的作用。首先，工作规划为督导者和社工们提供了指导，让大家明白未来工作重心以及应当作出的努力。其次，工作规划的制订迫使督导者去密切关注他的督导对象的需求，更有利于督导对象的成长。再次，工作规划可以减少无效工作，使得督导效率更高。最后，工作规划具有控制的作用，一旦督导者或督导对象的工作发生偏差，能够及时被发现与调节。因此，督导者应当重视工作规划。

工作规划发挥作用，取决于两方面的能力：一个是工作规划能力，是指在工作开始之前，个体依据当前情况设计出有效解决方案的一种能力；另一个是规划执行能力，也就是落实工作计划的能力。[①]

那么督导者该如何修炼自己的工作规划能力呢？

第一，瞄准目标。一份完整的工作规划一般包括两个方面：目标与方案。[②] 所谓目标就是所期望的结果或状态，是一份规划的首要因素。社会工作机构制定了总的措施与目标，这些措施与目标需要不断地细化。督导者的责任就是将这些目标从决策分解落实到具体的工作任务中，也就是我们耳熟能详的"落到实处"。

第二，制订方案。所谓方案就是如何实现目标的文件，通常包括：资源分配、时间安排和其他必要的行动。对于督导者来说，就是要安排人员、指派任务、分配资源。[③] 具体包括：一是督导者要对督导对象有较为全面的了解，并对需要处理的个案有正确和全面的认知，以精准制定、分解任务，避免成员负担过重甚至难以完成。二是督导者要有选择地进行工作分派与授权，以决定需要完成哪些任务以及如何完成任务。三是督导者要确定日程安排和工作的先后顺序，不仅要决定工作由谁去做，还要决定工作什么时候去做。四是督导者要清楚掌握人力资源状况，了解缺勤、病假、度假等情况。五是督导者要估计和预测未来一段时间的总工作量，以及完成这些工作量所需要的资金、技术和人力资源。

规划通过执行才能发挥作用。执行，顾名思义就是贯彻施行。那么督导者该如何修炼自己的执行能力呢？

第一，分派工作。所谓分派工作就是向社工明确其需要完成什么任

---

① 李巧巧. 如何培养儿童的计划能力：由"杂货店购物任务"引发的教育思考[J]. 教育导刊（下半月），2019（2）：35-38.

② 斯蒂芬·罗宾斯，玛丽·库尔特. 管理学[M]. 刘刚，程熙鎔，梁晗，等译. 13版. 北京：中国人民大学出版社，2017：199.

③ 卡杜山，哈克尼斯. 社会工作督导[M]. 郭名倞，等译. 4版. 北京：中国人民大学出版社，2008：42-43.

务。卡杜山、哈克尼斯①认为，分派工作要遵循以下标准：一是以社工的优缺点为依据；二是考虑社工所承担的工作压力；三是分派给同一个社工的任务种类要不一样；四是分派工作时，社工与服务对象的年龄、性别、信仰、民族等方面要匹配；五是明确工作的时间跨度，以便确定最终截止时间，目的是让社工保持适当的工作节奏；六是督导者应当根据社工的工作量和工作所需时间来安排督导工作；七是可以让社工参与个案分派；八是明确任务的轻重缓急，让社工知道在时间与精力有限或者时间不足时，应该优先处理哪个任务。参考以上标准，卡杜山和哈克尼斯认为有两种分派任务的方法：一种是督导者根据个案的特点、社工的能力以及经验等直接分派工作；另一种是在团体会议上，由各单元组员来分派个案工作。

第二，工作授权。所谓工作授权就是明确为完成任务社工可以行使哪些职权，主要涉及社工自主权大小的问题。督导者一般选择以建议和劝告的方式来进行工作授权，但是当建议与劝告不起作用时，督导者就应当开诚布公地说清楚工作授权。社会工作的授权是有风险的，原因在于社会工作后续监控不足②。因此，授权要考虑以下因素：任务的复杂程度、社工的技能与兴趣、工作量的大小、当事人的脆弱程度和承担的风险、问题的敏感性、失误曝光的可能性、督导者与督导对象承担风险的意愿、对督导失误的行政处罚。

第三，监督、回顾和评估工作。之所以要对工作进行监督、回顾和评估，是为了判断督导对象能否在预定的时间内完成工作以及方法是否与机构的要求一致③。具体方法有四类：一是资料分析法，如听取社工的口头汇报，阅读社工的工作记录、相关影像资料等；二是观察法，可以观察督导记录、服务对象的变化等判断工作效果；三是问卷法，通过调查问卷收集服务对象的满意度和督导服务成效等信息；四是访谈法，直接从督导对

---

① 卡杜山，哈克尼斯. 社会工作督导 [M]. 郭名倞，等译. 4 版. 北京：中国人民大学出版社，2008：43-45.

② 同①：49.

③ 陈锦棠. 社会工作督导：经验学习导向 [M]. 上海：华东理工大学出版社，2018：22.

象及相关人士那里获得第一手资料。

总之,工作规划是对拟开展工作的分析、考量和安排,规划执行是将各种安排落到实处。修炼工作规划及执行能力的目标是更稳妥有效地开展工作。

五、修炼情绪处理能力

社会工作者向服务对象提供服务的质量,常受到两个重要因素影响:一是社工的专业能力;二是社工的心理情绪,也就是社工对于自己所从事的工作是否感到满足和快乐。社工的专业能力决定了其能否提供优质服务,而社工的心理情绪则决定着其在多大程度上将自己的专业实力发挥出来。心理健康情绪好,社工能最大限度地运用自己的能力,甚至会产生出乎意料的成果;而如果在工作时情绪低落,即使其专业实力再强,发挥得也不会理想。为何会出现这样的情况呢?因为社会工作的主体和客体都是人,在很大程度上,其工作成果的好坏取决于社工的积极性高低和责任心大小。[1] 由于缺乏诸如高工资之类的外在物质刺激,社工的积极性和责任心只能源自其自身内在因素。这时,就需要督导者来帮助督导对象处理情绪问题,以提高其工作热情和积极性。

那么是什么原因引起社工们的情绪问题呢?李晓凤[2]认为主要来自四个方面:其一,来自工作本身。社会工作要求社工具有同理心,在社工的工作过程当中会接触大量不幸的故事、负面的情绪,因此社工也会不可避免地产生一些类似的情绪波动。同时,督导的要求、较高的服务质量要求、过大的工作量等也会引起社工的情绪变化。其二,来自角色混乱和角色冲突。社工的角色有很多,比如服务提供者、支持者、倡导者、管理者、关系协调者等,但是有时候社工的角色定位会出现"错位""越位",甚至是"缺位"等现象。其三,来自物理环境。这是指社工的工作环境是

---

① 卡杜山,哈克尼斯. 社会工作督导 [M]. 郭名倞,等译. 4 版. 北京:中国人民大学出版社,2008:172.

② 李晓凤. 社会工作督导:理论与实务及本土经验反思 [M]. 北京:中国社会出版社,2016:74-75.

否适宜，如不适宜会使社工出现焦躁不安、压抑等情绪。其四，来自工作中的人际关系。比如督导关系、社工与其同事之间的关系、社工与服务对象之间的关系等。

社工的工作情绪会影响服务质量，因此督导者要能够处理社工的情绪问题。[1] 督导者可以通过以下方法进行处理：第一，充分运用行政性督导和教育性督导来处理情绪问题。比如，在安排工作时帮助社工明确角色定位，防止出现角色混乱或者冲突的情况；通过培训来提高社工的工作能力，减少因工作失败而沮丧的可能性。第二，尽量帮助社工减少来自工作的压力。具体做法有：让社工暂时脱离压力大的工作环境。团队会议不仅能够提供社工学习和人际交流的机会，还能够让社工暂时离开其工作环境；在进行工作规划时就合理安排工作，让压力较小的多承担些工作，或者让压力较大的工作由更多的人来共同承担；让社工暂时离开一线，轮换到其他岗位。第三，让社工认识到其局限，帮助社工重新整理和构建认知。比如，帮助社工正确认识、看待其所掌握的工作方法与技巧对于其所面对的问题不一定有效；对于某些破坏性情况，必须作出正确的决策，否则当事人会遭遇不测等。第四，督导者可以掌握一些情感支持技巧[2]。具体做法有：通过倾听来表达兴趣与关注；消除社工的疑虑；鼓励和认可社工的成就；基于现实的信心表达；赞许和嘉奖；宣泄（提供一种释放情绪的出路）；降低敏感作用和普遍化作用；等等。

案例分享

小王刚从某高校的社会工作专业毕业，进入一家以青少年群体为主要服务对象的民办社会工作机构工作。在一次督导会谈中，小王表示自己压力很大，如小朋友过度依赖自己、自己实务经验不足、工资待遇较低等。

[1] 卡杜山，哈克尼斯. 社会工作督导［M］. 郭名倞，等译. 4 版. 北京：中国人民大学出版社，2008：195-203.
[2] 陈锦棠. 社会工作督导：经验学习导向［M］. 上海：华东理工大学出版社，2018：27.

曹主任作为小王的督导者，面对这种情况，应该如何处理呢？

曹主任的具体做法如下：协助小王适应与处理服务工作中带来的挫折感等负面情绪；给予小王生活上、工作上、心理上的关怀与支持；鼓励小王，帮助其发现工作成效；肯定、激励小王的工作，使其获得满足感和成就感；等等。

（资料来源：李晓凤《社会工作督导：理论与实务及本土经验反思》）

综上所述，作为督导者，要充分运用各种方法给社会工作者加油鼓劲，防范和减少情绪问题，提高社工的工作积极性，进而为实现服务目标扫除障碍。

六、修炼沟通协调能力

社会工作督导是一项持续性、系统性的实务工作，涉及的内部要素主要有社工、督导者、服务对象、服务机构等。由于涉及的成员和单位较多，需要协调的关系同样也较多，因此督导者需要不断地提高自己的沟通协调能力。

沟通就是信息的传递与理解，具体地讲就是信息从一个人传递至另一个人并被双方理解的过程。[①] 整个沟通过程是：传达者明确要传达的信息，然后对信息进行编码，继而通过沟通媒介将信息传递给接收者，接收者对传达的信息进行解码和理解，最后进行反馈。督导者在整个机构体系中起到承上启下的作用，对上级和下级的信息进行收集和处理，负责下情上达和上情下达。

但是督导过程中的沟通并不总是有效的，[②] 最突出的问题有：一是职位失调。好消息通常向上传递，也就是俗话说的"报喜不报忧"；坏消息和更完整、更重要的信息则倾向于水平传递，而不是向上或向下传递。二

---

① 斯蒂芬·罗宾斯，玛丽·库尔特. 管理学［M］. 刘刚，程熙鎔，梁晗，等译. 13 版. 北京：中国人民大学出版社，2017：380.
② 陈锦棠. 社会工作督导：经验学习导向［M］. 上海：华东理工大学出版社，2018：65.

是信息过滤。向下传递的信息通常更加详细、具体，但是向上传递的信息是经过提炼和浓缩的，这就可能会产生信息扭曲，因为中层员工的功能之一就是过滤、编辑和传播信息。除此之外，还有很多其他的沟通障碍，比如：督导者为避免招致恶意，不愿意传递负面信息；督导对象为避免遭遇负面评价，也不愿意传递负面信息；地理上的距离引起的障碍、先入为主的观念、价值观差异、非语言暗示、理解能力差异、组织混乱等也会降低沟通效率。

那么如何提高沟通的效率呢？

第一，善于"说"。一是督导者要准确表述自己想要说的信息与内容；二是督导者所表述的信息和内容一定要让接收者理解；三是督导者所说的信息和内容要尽可能地具有条理性且不能信息超载[①]（信息超过人们的处理能力），要为接收者的听创造便利。

第二，学会"听"。[②]"听"有"听"的艺术，比如表现出感兴趣、全神贯注，注意非语言暗示，不要打断、不要草率给出结论，不要从事与谈话无关的活动，不要让别人的情绪直接影响你等。值得强调的是，为了保证双方理解一致，可以通过反馈的方式来解决理解差异问题。

第三，选择适合的沟通方式。沟通方式有很多，如书面、口头、网络、肢体动作等，但是对于不同的人、不同时机、不同信息，要选择恰当的沟通方式。比如：对于成立时间很长的督导团队来说，通过 QQ、微信等社交 App 来进行沟通是一个更加方便的选择；但是对于新成立的督导团队来说，面对面沟通也许是个更好的选择。这样不仅能够使成员之间变得熟悉起来，而且更有利于督导者和督导对象之间建立情感联结。通过多个渠道传递同一个信息，反复沟通，都可以有效减少信息的歪曲和扭曲。[③]

---

① 斯蒂芬·罗宾斯，玛丽·库尔特.管理学［M］.刘刚，程熙镕，梁晗，等译. 13 版.北京：中国人民大学出版社，2017：385.

② 周三多，陈传明，刘子馨，等.管理学：原理与方法［M］.7 版.上海：复旦大学出版社，2018：328.

③ 卡杜山，哈克尼斯.社会工作督导［M］.郭名倞，等译.4 版.北京：中国人民大学出版社，2008：53.

所谓协调是指为了完成计划、实现目标，对各项工作及各成员的活动进行调节，使之同步、互为依托。① 如果说沟通能力表现为与谁交流、交流什么、如何交流，那么协调能力则表现为如何在交流的基础上调整各方的利益和关系，使之分工协作、互相配合，和谐有序地完成目标。社会工作机构的总体目标是由各个部门、各个团队的目标和职责组成与支撑的，所以想要实现机构的目标就需要督导者来协调部门内成员之间、部门之间、本机构部门与其他机构相关部门之间的各类关系。对于督导者来说，需要通过协调使社工之间建立互惠互利、彼此支持、优势互补的工作关系；还需要协调其所在部门与机构其他部门之间以及与其他机构的关系，尤其是对于乡镇（街道）社工站和村（社区）社工室来说，其工作需要与乡镇（街道）、村（居）委会等机构加强沟通联系。

做好协调工作，要注意以下几点：一是督导者需要树立权威，令行禁止，有效配置工作所需资源；二是督导者需要保证团队成员对机构目标的理解是一致的，并且接受该目标；三是督导者需要对团队成员之间以及团队与其他部门之间的矛盾进行裁定。

总之，沟通协调工作贯穿社会工作的各个环节，涉及众多方面，甚至还会涉及相关政府部门。有效的沟通协调是督导者在复杂环境下实现服务目标需要具备的重要能力。

知识链接

下面展示的是由中国社会工作联合会委托社会工作职业技能认证中心和国家开放大学社会工作学院共同开发的《注册社会工作督导培训标准体系（试行）》（中国社会工作联合会标准体系 SG-1503)，供大家参考学习。

一、标准简介

近年来，随着社会工作人才队伍的壮大和社会工作服务开展的深入，一线社工对于专业督导的需求越来越大，社会工作督导培养已经成为社会

① 宋英俊. 公务员沟通协调能力研究 [J]. 重庆行政, 2006 (2)：56-58.

工作发展的重要战略部署。在 2012 年中央组织部、民政部等 19 部门联合发布的《社会工作专业人才队伍建设中长期规划（2011—2020 年）》中明确提出到 2020 年，培养 8 万名专业督导人才。

培养社会工作督导人才，必须通过一套完善、系统、可行的长效机制来保证督导人员素质，以符合本土社会工作发展需求，推动社会工作相关机构发展以及社会工作人员整体素质的提升。虽然全国各地先后开展培养社会工作督导人才的实践，但督导人才依然十分匮乏，规模极其有限，也没有形成完整的、本土化的培养体系，严重影响了社会工作督导专业化进程。

中国社会工作联合会职业技能认证中心与社会工作专家联合研发的社会工作督导培训体系以政策倡导为依托，以解决督导人才培养的现实问题为出发点，以满足专业人员对能力提升的需求为目标，以国际国内社会工作督导的经验为基础，探索建立标准化督导人才培养机制。

培训课程以社会工作督导在专业服务中的功能发挥为中心，课程内容既吸纳了国际社会工作督导发展的前沿经验，又结合本土督导事业现实状况，达到课程内容整合、系统优化的目标，形成知识、能力、素质并重的培训课程体系。

运用督导培训体系，学员能够熟悉从事社会工作督导的基本知识和方法技巧，能够在清晰了解现实需求的基础上提升督导的实务能力。

二、培训方案

（一）培训理念及模式

学员的实务经历不同，从经验中总结、反思而领悟出的工作智慧也不一样，所以具有实践与培训经验并不等于拥有正确及合适的工作智慧。

学员需要的是从过往经验及未来实践经验中，领悟出合适的工作智慧，要做到这一点，实务督导和理论课程两者同样重要。因此培育模式结合培训及督导两种不同的方式，既有必要的知识及技巧的输入，亦有持续督导的提供，从而协助学员整合工作经验，导引出属于个人的督导管理风格。

培训先以课堂理论课程开始，以一年半为周期，前期一年时间重点学习理论知识,共18节课;后期半年时间以加强实务能力为主,并辅以实习作业(个案督导、团体督导)。

后期半年的学习日程中实习作业必须在实体社会工作机构完成,在机构中进行不少于120小时的社工专业督导工作,其中不少于36小时为直接督导工作。

(二)参加者资格

符合以下条件其中一项,即可参加督导培训:

学历:本科或以上,社会工作专业优先。

工作经验:三年以上一线社会工作及一年以上行政管理督导经验。

(三)考核体系

完成第一年课程后,须经过能力评测,合格者才能升读第二年进阶班。评估范围为三方面:

核心理念及态度	专业素质、沟通及表达能力、工作操守、组织及计划能力、对机构和服务的理解力
社工实务能力	对理论知识的综合运用能力、建立关系的技巧和能力、探索及分析问题的能力、策划行动的能力、执行及监控的能力、评估及终止的能力、写作能力
督导能力	个人领导能力、沟通及团队协作能力、服务质量管理能力、人事及行政管理能力、协助社工个人成长的引导能力、协助社工协调及维持与不同身份者的协商能力

(四)认证制度

完成一年半全部课程、考核合格、出席率达标,可授予注册认证督导资格。

（五）课程内容与进度安排（样例）

前期：一年学习安排		2015. 10	11	12	2016. 1	2	3	4	5	6	7	8	9
	招募												
伦理价值观	社会工作价值观与伦理												
基本实务技巧	小组及社区工作实务技巧												
	活动计划书、个案记录、开案摘要撰写												
	个案工作的微细技巧、常用辅导理论及专业理论派别概览												
特定服务对象	义工发展及推广理论												
	青少年及儿童辅导实务及理论												
	家庭及妇女辅导实务及理论												
	长者辅导实务及理论												
	残疾人辅导实务及理论												
	医务社工实务及理论												
督导技巧	督导面谈技巧：理论、技巧、带领个案会议/学习小组、引导评估服务对象的需要、制订工作目标												

续表

前期：一年学习安排		2015.10	11	12	2016.1	2	3	4	5	6	7	8	9
人事管理及团队建设	团队士气建立、社工个人情绪成长辅导												
	机构的人力资源及公共关系管理、传媒应对技巧、与用人单位协商、压力处理、资源链接、社区关系建立												
	领导力的建立												
机构规划及发展	机构策略规划及部署												
	危机管理												
	筹资和财务管理												
	项目运作及管理、成效评估												
中期考核													

上述每一主题独立形成一天课，分布全年三次进行，每次培训六个主题，无须一次连续进行所有课程。一方面可让学员有足够时间消化、实践，然后再深入学习。另一方面，无须学员连续脱产培训。

后期：半年实践安排		2016.10	11	12	2017.1	2	3	4
制订实习方案	督导者指导下制订实习项目							
跟进项目进度	远程督导							
项目成效评估	远程督导							
实习作业总结	远程督导							
学员评核								

（六）实习作业督导安排

整个学习期间，资深社会工作督导导师对学员进行一对一督导，从而加深学员对社会工作督导及实务技巧的掌握及运用，培养独立开展督导管理工作的能力及信心。

实习督导以远程视频督导形式进行，每人每一个半月一次，每次两小时。即每人在后期半年内有 4 次远程督导，合计 8 小时。由督导和学员约定时间，以线上视频或语音方式进行督导。

督导内容包括：社会工作实务指导、社会工作价值观反思、与服务合作方协调（包括所属机构、街道/社区领导或相关组织、用人单位等）、给予情绪支援、监察工作进展、机构行政系统建设、督导技巧指导、团队管理（如处理下属工作管理问题）。

（七）导师名单建议

充分利用中国社会工作联合会的行业优势，根据督导实务工作的要求和特点，选聘国内顶尖的理论和实务专家，以确保课程的质量和水平。

教授、专家、学者：来自国内外著名高校、研究机构，具有深厚理论基础和丰富案例教学经验；

督导工作实务专家：专门从事督导实务和督导培训的专家，具有丰富的实践经验。

（资料来源：《注册社会工作督导培训标准体系（试行）》）

第 2 章

社工站督导者的职责定位

上一章我们着重讨论了成为一名优秀督导者所需的能力与条件，探讨的是"资格"问题。本章我们将讨论督导者的角色期待是怎样的；督导的功能涉及哪些层面，其涵盖的具体内容有哪些；督导角色在整个社会工作体系中的意义如何；这些是督导者的"责任与定位"问题。

第一节　督导者的角色有哪些

一个人成为社工站督导者后，就会被赋予与其专业身份、社会功能及地位相关的一套行为模式与角色期待。那么在实务工作中，社工站督导者扮演什么样的角色呢？根据承担的功能及需要实现的任务目标，督导者在不同层面、不同情境下扮演的角色是不同的，甚至在同一情境下需要承担多元化的角色。通常认为，社工站督导者需承担同行者、经理人、团队医生、教练、管理者、咨询师等角色。

一、同行者

社工站督导者是具有丰富一线经验的资深社工[①]。一方面，社工站督导者是社工团队的打造者。督导者需要针对某一具体社会工作项目组建合适、高效的社工团队，尽量做到"人—岗"匹配，最大限度发挥人力资源优势。不仅要在整体上把握团队的工作方向，制订优化团队工作方案，为团队工作做好决策参谋；同时要关注到团队中每一位社工的情况，为社工

---

① 吴学成. 浅议社会工作督导角色与功能定位［J］. 大社会，2018（10）：64-67.

提出的各种疑难困惑提供建议、咨询，帮助社工快速成长。另一方面，社工站督导者是社工团队的"领头羊"。社工团队的工作成效如何、能否得到服务对象及社会的认可，在很大程度上取决于督导者的"引擎"作用。督导者自身的专业价值观、工作理念、专业技巧及个人魅力会潜移默化地影响团队成员。

二、经理人

督导者不仅对社工团队进行专业指导，还需担任社会工作机构与一线社工之间的中间人，发挥好"桥梁"作用。一方面，社工站督导者是社会工作机构的代理人。督导者需将社会工作机构的发展状况、管理制度、组织文化、福利政策等对一线社工进行宣传、教育、引导，并对机构的相关规章制度及信息作出解读，引导一线社工端正工作态度、遵守工作纪律，内化服务机构的文化价值与理念，发挥好倡导、诠释、执行作用①。比如，社工站督导者需向新入职的一线社工宣讲机构的工作纪律、工作时间、请销假制度、绩效奖励制度等，对于一些特定服务领域，还需向一线社工强调与特殊服务对象相处时的注意事项。这既是为了提高专业服务质量，也是为了保护一线社工的身心安全。另一方面，社工站督导者是一线社工的信息传递者②。督导者在工作过程中需设身处地地站在一线社工的角度，对他们的疑虑、难处感同身受，及时将团队遇到的困难与不足以及一线社工普遍存在的需求及时反馈给社会工作机构，为社会工作机构决策提供信息参考，为一线社工畅通沟通渠道。

三、团队医生

社工站督导者既要置身于社工团队内，成为同行者、经理人，还需要跳出社工团队以中立者的角色客观公正地评估团队成员发展、团队服务质

---

① 吴学成. 浅议社会工作督导角色与功能定位［J］. 大社会，2018（10）：64-67.

② 同①.

量、服务产出、服务效果等，及时发现团队中存在的"痛点"与难点，并有针对性地提出具体解决方案，保障团队良性健康发展。① 此外，社工站督导者还应成为社工团队成员医生。经验欠缺的一线社工在面对纷繁复杂的具体社工事务时，难免会出现工作难以推进、服务效果不佳、服务对象不甚满意等问题。社工站督导者需对他们的实务过程进行诊断，运用专业知识和丰富的工作经验引导他们进行专业反思，分析出存在的具体问题并协助其找到最佳的专业服务方案。尤其是对于外部督导者来说，其工作角色包含对社工站承接方的内部管理和长远发展的规划，也包含对驻站社工的能力支持。

四、教练

很多一线社工虽然在学校接受过专业知识与专业技能的训练，但是在职业发展的初始阶段，在应用理论指导实践上是模糊的、肤浅的，对专业身份没有确切的概念，需要大量的指导、鼓励、支持等。社工站督导者需担任一线社工的培训者，向他们传授专业知识与技能、工作流程与方法，直接指导一线社工开展专业服务；或者通过一系列软激活方法识别与挖掘一线社工的潜能，培养、提升学习思维；讲解实务领域、文书档案等各方面内容，帮助一线社工实现专业上的成长，提升自我效能与职业认同，从而促进社工团队的稳定发展，实现社工团队专业服务由量变到质变的跨越式发展②。此外，社工站督导者不仅要在具体实务中指导一线社工，还应在顶层设计层面关注一线社工的成长，将团队发展与个人成长紧密联系在一起，为社工成长提供平台。

五、管理者

社工站督导者通常要以服务机构为平台，在一定的组织环境和组织架

---

① 吴学成. 浅议社会工作督导角色与功能定位［J］. 大社会，2018（10）：64-67.

② 同①.

构内开展符合组织目标任务的督导工作，因而不可避免地要参与服务机构的行政管理工作。

一是从专业的角度为服务机构遴选人才，并帮助新进人员快速进入角色。根据服务机构总体目标、项目具体目标以及岗位特点，协助制定人员招聘标准，评估应聘者专业知识及专业技能，挑选出符合岗位要求的一线社工。人员确定后，督导者需对其进行全面深入的了解，安排合适的岗位任务，及时给予工作环境的支持，对其进行工作上的规划，协助其厘清工作思路，快速转变角色、胜任工作岗位。

二是运用专业手法代表服务机构管理层处理服务对象的投诉，有效化解矛盾纠纷。实务工作中，难免会出现服务对象对一线社工服务不满意而投诉至服务机构的情况。此时，对服务对象情况较为熟悉的督导者，能够熟练地运用专业手法从行政管理的角度有效处理投诉，既避免了机构管理层直接干预的高行政成本，又保护了一线社工的工作积极性。

三是监督、评估一线社工的专业服务，确保服务机构目标任务的有效落地。督导者根据一线社工的岗位、计划任务、目标等对其进行实时监测，对其工作态度是否积极、工作安排是否合理、是否按计划按程序完成、是否按规定期限完成以及完成的效果如何、服务对象满意度如何等进行定期或不定期评估，从而为员工晋升提供参考①。

六、咨询师

一线社工由于工作经验不足或自身成长背景等原因，在面对复杂的一线工作时可能会出现自信心不足、思考不全面等问题，因此，社工站督导者还需承担一线社工咨询师的角色，对他们进行"辅导式督导"，助其成长。② 社工站督导者要当一线社工的倾听者、陪伴者，为其提供情感支持。一线社工承受着来自服务对象、服务机构、同事关系、社会环境等各方面的压力，这些可能会使他们感到泄气、没有价值、受挫折、焦虑不安等。

---

① 童敏. 社会工作督导基础知识 [M]. 北京：中国社会出版社，2019：89-91.
② 刘百秀. 督导应以被督导者为本 [J]. 中国社会工作，2018（3）：59.

社工站督导者应关注到一线社工对其工作以及工作状态的情绪反应，认真倾听他们的抱怨、不满，同理他们的处境，及时疏导其负面情绪，帮助他们释放压力，学会自我放松。更重要的是，社工站督导者要通过鼓励、支持、赋权、增能等积极干预手段帮助身处困境的一线社工重新审视自己，接纳多元的自己，强化自我认同感，学会合理、弹性地处理自己的不良情绪，增强自我调适能力，从而提高他们的耐挫力，从容面对工作中的挑战与困难①。

案例分享

　　一线社工小 Z 是社会工作专业本科应届毕业生，半年前来到社会工作机构应聘禁毒岗位，主要负责社区戒毒康复人员的跟进辅导等工作。XY 是一名从工作一线成长起来的本土督导者，从事戒毒社会工作已有十年之久，有丰富的岗位经验，负责对从事戒毒项目的一线社工进行督导。服务对象小 W 22 周岁，深圳本地居民，家庭比较富裕，收入来源主要靠房屋租金。小 W 在 18 岁高中毕业时与朋友聚会接触到冰毒，而后染上毒瘾。小 W 某次吸食后的异常让父母发现其存在吸毒行为，遂与父母关系恶化。其后在公共场合吸毒，被送进戒毒所强制戒毒，出所后不到三个月又复吸，现为社区戒毒对象。

　　一线社工小 Z 在接触服务对象初始阶段，心里非常震惊。对来自农村的小 Z 而言，服务对象小 W 的家境无疑是优越的，成长也比较顺利，对于其染上毒瘾小 Z 感到非常不可思议。此外，对于小 W 本来即将就读深圳本地大专，但因一次朋友聚会不幸染上毒瘾而耽误大好前程的现状，社工小 Z 感到非常惋惜。小 Z 内心各种复杂的情绪，让其难以真正接纳服务对象小 W。在服务过程中，小 W 的父母认为社区戒毒的效果不理想，只有将其送进强制戒毒所才能成功戒掉毒瘾。对此，小 Z 既感到非常受挫，又不知如何回应服务对象的父母。综上原因，小 Z 感到专业服务难以推进，因而

---

①　童敏. 社会工作督导基础知识［M］. 北京：中国社会出版社，2019：92-93.

向督导者 XY 求助。

督导者 XY 在接到小 Z 的求助后，首先利用丰富的实务经验对小 Z 所面临的问题进行辨析，认为社工小 Z 面临的问题有三个方面：一是价值冲突。社会工作者个人受到的主流文化环境影响所形成的价值观与社会工作专业价值观存在冲突。主流文化认为，吸毒是一个对社会造成严重危害的行为，应对该群体实行严格的社会管控。但社会工作的专业价值观告诉他，应充分接纳服务对象，应用优势视角看到服务对象身上的积极因素。二是文化处理能力不足。小 Z 由于对毒品亚文化及吸毒群体缺乏足够的认识，对戒毒社会工作领域的专业知识与专业技能运用不足，因而无法很好地为服务对象争取到家人的支持。三是情绪状态不佳。小 Z 对服务对象感到震惊，内心无法真正接纳；对服务效果不佳感到很挫败，自我效能低。确认核心问题后，督导者为其制订了详细的督导计划。

在督导初期，督导者 XY 首先是耐心倾听小 Z 在工作中的烦恼，疏导其不良情绪，协助其分析烦恼背后的根本性问题。针对戒毒岗位社工存在的普遍性问题，督导者开设了毒品及毒品文化解读工作坊、戒毒服务社会工作者价值观工作坊，通过沙龙式交流、体验式参与等方式，分享毒品、吸毒工具、毒品地下术语等相关知识，有针对性地开展伦理与困境实例探讨，解析社会工作价值观在禁毒领域的具体应用，增强禁毒社工对毒品、毒品危害及戒毒人士的了解，提升一线社工对社会工作价值观在禁毒领域的具体应用能力，从而提高他们的同理能力、接纳能力。

在督导中期，督导者 XY 主要采取实务进程跟进的方式，通过一对一督导、现场观察式督导、资源链接等方法，协助小 Z 处理服务中遇到的困境与疑惑，推动专业服务顺利开展。一方面，督导者 XY 通过查阅服务记录、现场观察的方式，协助小 Z 审视在服务过程中是否做到价值中立、真正接纳，反思毒品文化对专业服务的影响、对服务对象戒毒的影响。同时，通过情景再现分析小 Z 具体服务过程中的不足之处、运用微观技巧时的注意事项等，帮助其提升复杂情境的随机应变处理能力。另一方面，督导者 XY 协助小 Z 认识到戒毒不仅需要服务对象坚强的意志，更需要家人的支持与社会的接纳，提醒小 Z 通过认知改变积极争取服务对象家人的支持，运用优势视角肯定服务对象的改变，消除"只有强制戒毒才能成功"的错误认识。同时，为解决服务对象的社会融入问题，督导者 XY 积极向社会工作服务机构建议，争取到了资金、场地、人力等多方面支持，开设了生涯规划与技能培训班，通过联系沟通职业技术学校老师到培训班开展职业技能培训，鼓励戒毒人士回归社会，找到生命价值。

在督导后期，督导者 XY 主要是督促一线社工小 Z 对服务对象进行跟踪、回访，以及通过访谈、问卷反馈表等方式对整个专业服务过程及服务成效进行评估，总结经验，反思不足，建立长效机制。

（资料来源：黄红、李晓凤《社会工作督导实务案例分析》）

在此案例中，我们可以看到督导者 XY 承担了多重角色：一是同行者。督导者 XY 是从禁毒社工岗位成长起来的，负责社会工作服务机构整个戒毒项目，相当于该项目的"领头羊"，具有丰富的岗位经验，既能帮助一线社工准确识别实务过程中的核心问题，又能对一线社工言传身教。二是咨询师。当一线社工小 Z 面临文化震惊、服务对象家人难以理解，感到专业服务难以为继时，督导者 XY 耐心倾听小 Z 的疑难困惑，疏导其不良情绪，鼓励其调整工作状态，为其提供了良好的情感支持。三是教练。针对禁毒社工对于毒品文化、吸毒对个人和家庭的影响、戒毒又复吸的深层次原因以及无法将社会工作伦理价值观具体运用于戒毒实务中等问题，督导者 XY 开设了毒品及毒品文化解读工作坊、戒毒服务社会工作者价值观工作坊，向一线社工传授毒品文化相关知识，探寻吸毒成瘾的原因以及戒断毒品的影响因素，促进了禁毒社会工作价值观的内化。这些都是督导者在践行"教育者"的职责。四是经理人。禁毒一线社工的服务对象普遍面临社会融入困难，仅靠一线社工的力量无法解决。督导者 XY 将禁毒一线社工的诉求反映到社会工作服务机构，为其争取到了资金、场地、人力等支持，这时督导者是一线社工的信息传递者。同时，督导者 XY 代表社会工作服务机构，链接社会资源，为生涯规划与技能培训班联系了职业技术学校的老师，此时督导者 XY 又是社会工作服务机构的代理人。五是管理者。在督导后期，督导者 XY 督促小 Z 对服务对象进行跟踪回访，通过访谈、问卷反馈表等方式对整个专业服务过程及服务成效进行评估。我们可以看出，督导者既是一线社工实务过程的监测者，又是专业服务落地情况、服务成效的评估者。因此，督导者的每一个角色都不是独立存在的，往往是多重角色的集合。例如本案例中，督导者 XY 针对他所负责的禁毒岗位社工存在着对毒品文化及其价值观认知不足的普遍性问题，开设了毒品及毒品文化解读工作坊、戒毒服务社会工作者价值观工作坊，在这个过程中其既担任了"团队医生"的角色，又担任了"教练"的角色；而就整个督导过程而言，督导者 XY 既担任了情感层面的"咨询师"，又担任了专业服务层面的"同行者""教练""评估者"，还担任了行政层面的"代理人""管理者"。

第二节　社工站的督导内容有哪些

对社会工作督导功能的研究可以追溯至 1926 年，道森曾指出督导的功能包括行政、教学和助人。① 之后，学界进行了广泛讨论，不同学者提出了不同见解。维吉尼亚·罗宾森在《社会个案工作督导》一书中将督导定义为："在某一领域掌握较多知识和技能的人负责培训在这一领域掌握较少知识和技能的人的一个教育过程。"托厄尔认为，社会工作督导是一个有教育性目的的行政过程。《社会工作百科全书》第 1 版认为，督导是传授知识的教育过程。到第 16 版、第 17 版，逐渐认识到督导的行政功能，认为督导是"一个确保工作完成并维持组织管理与责任的过程"。再到第 19 版中，认为社会工作督导兼有行政、教育和支持三项功能，且这三项功能相辅相成、不可或缺。② 这三大功能在实践发展过程中产生广泛影响，也取得了学界共识，因此被称为社会工作督导的三大传统功能。

---

① 童敏.社会工作督导基础知识［M］.北京：中国社会出版社，2019：22.
② 卡杜山，哈克尼斯.社会工作督导［M］.郭名倞，等译.4 版.北京：中国人民大学出版社，2008：16-17.

尽管三大传统功能得到普遍认可，但也有学者持有不同见解，认为行政、教育、支持这三种功能并不能涵盖社会工作督导的所有功能。休斯和彭杰从督导者、服务机构、督导对象三者的角度提出社会工作督导实际发挥着管理服务输送、关注实践者的工作和促进实践者专业发展三项功能。管理服务输送功能是协助服务机构落实相关政策、法律法规以及自身制定的规定和协议等，是对服务质量和数量的把控；关注实践者的工作和促进实践者的专业发展的功能则是鼓励督导者和督导对象一起对帮助服务对象的实践工作进行反思和探讨，确保服务品质以及专业可持续发展。之后，戴维斯和贝多在上述三角模式的基础上，提出督导的"支持"功能。莫里森则认为，社会工作督导具有四种功能，分别是行政功能、发展功能、支持功能和调节功能。豪和格雷从督导工作中需处理任务的角度，提出社会工作督导体现出督导关系建立、工作/案例讨论、职业发展、与他人关系的构建、管理议题等多个维度。①

从上述分析中我们可以看出，社工站督导者的角色是多重的。督导者置身于社会工作机构、一线社工以及与之相关的社会利益主体（如政府、社区、志愿者团体）等复杂的社会关系网络中。为有效保障社会工作专业服务的品质、使督导成效最大化，督导者不仅需要关注服务任务的组织和服务技能的提升等直接的专业服务指导，同时还需要关注社会工作者的工作状态与专业发展、服务机构的运行管理、社会资源的协调链接等间接的专业服务指导。② 但总体而言，社会工作督导者的多重角色和多重任务大致可以囊括行政、教育、支持三大功能。

一、行政性督导

行政性督导涉及的是执行管理层面，内容包括：员工的招募与甄选，引导与安置社会工作者，制订工作计划，分配工作任务，进行工作授权，以及工作监控、检查和评估，充当行政管理的缓冲器等。行政性督导负责

① 童敏. 社会工作督导基础知识［M］. 北京：中国社会出版社，2019：22-25.
② 同①.

将社会工作者配置到机构中，增进组织结构的能效，为社会工作者提供更多资源。[①]

（一）一线社工的招募与甄选

作为社会工作机构与一线社工之间纽带的督导者，最了解一线工作的状况，更清楚是否需要扩招或填补人员以及招聘岗位所需要的个人特质、专业技能、专业知识等。基于这一天然优势，社会工作督导者在一线社工招募与甄选方面对社会工作服务机构人事部门具有重要的建议权。在招募之前，他们可以向人事部门阐述招募岗位的工作任务、所需专业素养、个人特质等，协同人事部门一起制定招募人员的标准。在招募中，督导者可以在专业技能面试中发挥重要作用。社会工作服务机构负责人事招募程序合理性、合法性的把控，督导者则对面试人员的"人—岗"匹配性进行甄别。招募后，督导者对人事招募与甄选制度的健全完善提出建设性意见。

案例分享 ··

一名督导者在回顾成长历程时如是写道：要培养一个优秀的社工团队，首先需要严守社工准入门槛，保证每个进入团队的人都是优秀的。第一要初心纯正，即进入团队的社工必须要真正热爱社会工作事业，认同社会工作及社会工作服务机构的价值理念；第二要掌握一定的专业理论、方法与技巧，高校社会工作或相关专业毕业的学生优先；第三要具备正能量，服务对象一般是有困难的人，处于极具负能量的状态，若社工没有正能量，难以影响服务对象；第四要考虑团队成员互补，在性格、性别、能力、知识结构、优势等方面考虑成员间的互补性。

（资料来源：吕新萍《为服务一线社工而来：13位社会工作督导者的心路历程》）

[①] 郭名倞，杨巧赞，刘赤单，等．机构社会工作中督导的功能［J］．社会福利，2010（6）：38-39.

（二）一线社工的引导与安置

一线社工一旦被录用，社工站指定的督导者需协助他们快速融入社会工作机构，在新的工作单位找到自己的位置，进而获得身份认同。在引导一线社工融入机构的准备工作中，督导者要向机构人事部门索要新入职一线社工的相关资料，尽可能全面了解他（她）的背景资料，通知全体工作人员即将有新人进入，提前准备好桌椅、电脑等办公用品，提前为新入职一线社工准备机构的规章制度等资料。在与新入职一线社工见面时，首先应介绍作为其督导者可以为他（她）提供什么样的帮助，他们之间的关系是怎样的，各自的角色与职责是什么，等等；其次应担任新入职一线社工与社工站同事之间的介绍人，如条件允许可指定一名有经验的社工来为他（她）答疑解惑，以使其尽快融入社工站大家庭；最后也是最关键的，督导者应告知新入职一线社工其具体岗位、岗位职责和岗位目标，以及与之相匹配的福利待遇、奖惩制度等，帮助他（她）了解工作内容，快速适应工作角色，找到在服务机构中的准确位置。

案例分享

我的督导者非常认真负责，从我来这家机构的第一天起就对我倾注了诸多关心和关注，带我认识、熟悉一起工作的同事，仔细向我介绍机构的学习、晋升、奖惩等制度，对我在实务中难以把握的难题给予耐心指导，还时常鼓励我、引导我，是我的"知心大姐姐"。我想正是她的悉心引导，才让我如此快速地融入工作团队，如此快速地从学生转变为社区社会工作者；也正是她的鼓励，我才如此快速地成长，短短三年时间从初出茅庐的学生成长为社区服务中心的负责人。更为重要的是，我获得了一种从内心生长的自信与底气。

　　（资料来源：深圳市社联社工服务中心石新社工服务中心原主任 LWP 讲述）

（三）拟订工作计划

社会工作机构的管理层一般对总体规划、战略目标进行把握，如何实现这些目标、执行这些规划，则需要对战略目标、总体规划进行层层分解，细化为具体的工作任务、工作责任。从社会工作机构的顶层设计到一线社工的具体落实，恰恰需要处于中间地带的、具有极强专业把控能力的督导者，协助机构从专业的角度制订总体及具体可操作的工作计划，分配人力资源，对督导对象作出合理的工作安排。

案例分享

··

Z 市 H 社会工作服务机构开辟新的服务领域，前期调研和初期准备工作已经完成，但关于该领域的服务，社会工作服务机构只是按照承接项目合同给出总体规划与服务目标指引，而具体的服务计划、服务方式，一线社工们仍然一头雾水。督导者运用程序逻辑模式引导一线社工们以成效为导向，制订了该服务领域的全年计划，确立全年的服务主题以及不同服务板块的服务理念与服务目标，使一线社工们对工作任务、服务方式清晰明了，有力促进了项目规划转化为具体服务。

（资料来源：赵晴《社会工作督导行政功能研究：Z 市 X 机构和 H 机构督导实践分析》）

（四）工作的分派、授权与成效管理

在协助社会工作服务机构对总体工作计划及具体工作计划进行安排后，督导者需要按照最大限度发挥社工优势、工作量相对均衡、"跳起来摘桃子"、工作任务多样化等原则对一线社工进行任务分派，明确社工的工作任务、工作时限、工作目标等。同时，督导者还需根据工作经验丰富程度、任务复杂程度、工作时限压力、问题敏感性等对一线社工进行适当的工作授权，赋予他们开展专业服务的自主权，以确保专业实务工作达到机构总体目标。

案例分享

··

作为一名初入职场的"小白"，我被安排在司法社会工作岗位，面对

的基本都是监外执行人员，开始时感觉压力非常大。幸运的是，在督导者手把手的耐心指导下，小到如何进行会面，大到服务方案的修改，我从不熟悉、胆怯到得心应手、独当一面，感到自己成长很多。现在，督导者已对我比较放心，一般是在大的方向上进行指导，其余部分让我自己独立完成。当然，服务过程中有任何问题也可以向他请教。

（资料来源：衡阳市甘霖社会工作服务中心驻衡阳县曲兰镇司法所司法社工 HJM 讲述）

督导者还需肩负起监督、检查和评估的责任。一方面，督导者需对所负责的一线社工的积极性、抗压力、遵守工作制度情况等进行监督、评估；另一方面，督导者还需要对所负责的一线社工何时开展工作、是否按计划开展工作、是否在规定时间内完成工作、是否按机构的政策与程序完成工作、服务的专业性如何、服务对象的满意度如何等工作状况进行监督与评估。

（五）行政管理的"缓冲器"

督导者作为社会工作服务网络中的一个重要节点，既要做好内部行政协调和社会工作服务机构与一线社工的沟通协调，又要做好外部行政协调，处理好与机构外利益主体及服务相关的问题。首先，督导者是社会工作服务机构与一线社工的中间人，起着重要的承上启下的作用。督导者可以双向发力，促进社会工作服务机构内部行政管理更加科学有效：一方面，督导者充当行政管理的角色向一线社工宣讲和解读机构的宗旨与目标、组织架构、机构内部的规章制度、工作程序以及在当地社会服务网络中的地位，捍卫机构的价值信念体系，代表机构处理服务对象的投诉与一线社工的违规事件等；另一方面，机构组织的某些工作环境可能是一线社工的压力源，如机构政策不明确、资源不足、缺乏内部支持体系与人际氛围不和谐、角色期待模糊等[1]。督导者可以凭借自身在机构行政结构中的

---

① 卡杜山，哈克尼斯. 社会工作督导［M］. 郭名倞，等译.4 版. 北京：中国人民大学出版社，2008：178-190.

岗位与职权，充当一线社工代言人的角色，将他们的意见建议反馈至机构，推动机构健全完善相关制度，从而降低管理制度对一线社工的负面影响。其次，督导者还需代表社会工作服务机构与政府部门、社区、社会组织、同行机构、媒体、社会大众等主体进行行政沟通，处理与服务相关的投诉、不满等问题，充当机构外主体与社会工作服务机构之间的"缓冲器"。

案例分享

  在社会工作尚未被普遍接纳的大环境下，机构和社工们面临前所未有的挑战和压力，督导者不仅要持续为一线社工注入正能量，使其坚守社工信念、保持工作热情，还需协调好与服务购买方、所在社区等主体的关系，争取他们的理解与支持，为专业服务的开展创造良好的外部环境。有时，一线社工设计的服务方案经过督导者、社会工作服务机构内部审核后，服务购买方工作人员由于利益、立场、工作方式的不同，往往认为意义不大，不理解，也不支持。这时，督导者需要指导一线社工与服务购买方进行沟通对接，找出服务方案不合理的地方并相应完善。在一线社工无法与服务购买方取得良好沟通的情况下，督导者则需代表社会工作服务机构与服务购买方沟通协调，找出症结。在沟通过程中，督导者既需要维护一线社工及社工服务的专业性、独立性，又要积极争取服务购买方的理解与支持，实现"双赢"的局面。

（资料来源：黄红、李晓凤《社会工作督导实务案例分析》；吕新萍
《为服务一线社工而来：13位社会工作督导者的心路历程》）

（六）协调沟通与资源链接

  完成一项工作任务往往涉及团队合作、多部门协同，乃至不同相关主体的协作，而一线社工经常会遇到号召力不足、难以调动相关资源等难题，督导者则需要协助一线社工对其所在机构的人力、物力资源甚至机构外部的主体进行协调与整合，促使他们形成互利互惠、相互支持、优势互补的工作关系。此外，在社会工作政策制度还不完备、实际支持相对匮乏的地区，社工站督导者一般以本地的资深社工或 NGO 从业者和高校社会工作专业教师为主，他们往往拥有比较丰富的社会资源网络，能够有效协助一线社工进行资源链接，协调与各政府部门、社区等各个相关主体的关系。他们在督导过程中，会有意识地培养一线社工资源链接的意识与理念，挖掘资源、建立良性关系的能力。①

案例分享

　　小 P 是一名社会救助领域的一线社工，经常接触的是一些"流浪钉子户"。他常常因服务对象陷入"救助—流浪—救助—流浪"的死循环中而苦恼。督导者在耐心倾听小 P 的讲述后，以启发式提问引导他尝试用"一核多元、跨界合作"的个案管理模式解决问题。在对案例进行充分讨论后，督导者 A 与小 P 发现，仅凭小 P 一己之力很难与服务对象建立专业关系。为此，督导者 A 引导小 P 向社会工作服务机构寻求专业支持，机构派出了资深社工老 M 与督导者 Z 共同协助小 P 介入个案。在他们的指导帮助下，社工小 P 与流浪汉建立了良好的专业关系，流浪汉打开了心结，说出了流浪、不回家的原因。之后，督导者 A 与社工小 P 调整了服务方案，服务目标从协助其寻找工作、获得生活来源转变为寻找服务对象家人，协助其回家。为此，督导者 A 引导小 P 先对接民政部门的救助资源，保障流浪汉当前的基本生活。之后，督导者 A 又亲自带领社工小 P 走访辖区公安部门，在网上查询人口走失、寻人启事等信息。在公安部门的协助下，取得了流浪汉的部分信息，督导者 A 又引导小 P 联系其老家的村委会进行信息核对。核对确定之后，在资深社工老 M 的协助下，小 P 与流浪汉进行面谈，帮助他打开心结，回归家庭。

（资料来源：黄红、李晓凤《社会工作督导实务案例分析》）

---

　　① 杨婕娱．浅谈督导的功能与社会工作实践教学［J］．长沙铁道学院学报（社会科学版），2013，14（2）：9-10.

二、教育性督导

教育性督导聚焦加强一线社工专业理论基础和实务能力，准确评估他们的知识性需求，在必要的时候对他们提供继续教育或专业指导，进而提高他们的专业知识水平与专业技能。[①]

（一）专业价值方面的督导

助人自助是社会工作的核心价值理念。那社工如何通过专业化手段帮助服务对象实现自我帮助？一线新手社工在工作初期通常热情较高，为了快速完成机构的行政指标，主动去寻找服务对象，急于开展花式多样的小组工作，往往也会将专业性局限为"以方法为中心的专业性"，即强调个案工作、小组工作、社区工作等方法或是认知行为治疗模式、理性情绪模式、人本治疗模式等理论的综合运用。然而这种一线社工强加于服务对象、忽视其真实内在需求的服务方式，取得的实际服务效果并不会很理想，有时甚至还会引起服务对象的反感与排斥，良好的专业关系更是无从建立。这时，社工站督导者就需要引导一线社工放弃以方法为中心的专业性视角，树立"以服务对象为中心"的价值理念，将关注点放到服务对象本身的需求上，进而设计出以服务对象的需求为准绳、以助人自助为目标、促进服务对象自我增能的优质服务方案[②]。如面对社区中的外来务工人员，社工应首先与服务对象建立良好专业关系，了解他们最迫切的需求是什么，明确机构可为其提供的服务有哪些。然后，与服务对象共同商讨、制订服务计划。

（二）专业技巧方面的督导

一是服务方案的制订、讨论与修改。在了解服务对象的需求后，一线社工可针对其存在的具体问题制订个性化的服务方案。服务对象问题与需求的精准把握、服务方案的详尽设计受到一线社工个人经验、知识储备的

---

① 黄源协．社会工作管理［M］．上海：华东理工大学出版社，2018：383-384.
② 赵芳，尤哈·哈马莱宁．社会工作实习与督导：理论与实务［M］．北京：社会科学文献出版社，2021：65-67.

影响。社工站督导者需要运用其独到的眼光、丰富的经验、系统的知识储备与一线社工共同商讨制订服务方案。如在开展小组工作时，督导者需与一线社工讨论选择什么样的理论依据，各项小组活动之间的关系是怎样的，如何有效地将服务对象组织起来并建立起信任关系，如何将小组活动进行下去，如何将短期的小组活动成果长期化，等等①。

有时候服务方案的实施并不是一帆风顺的，在具体的实施过程中可能会出现服务对象抵触或服务效果不理想的情况。一线社工往往由于经验不足，在面临服务方案难以执行下去时表现出不知所措、惶恐慌乱。社工站督导者需协助一线社工对服务方案进行适时调整与修改，以确保专业服务更契合服务对象需求、服务效果更为显著。

案例分享

在社区工作一年的一线社工小方，在一次个别督导中提出长期困惑的问题：如何结合社区情况设计服务方案？如何将服务方案有效落地？如何让服务对象感受到服务成效？督导者 MN 在对其社工团队的多次督导中发现，经验不足的一线社工普遍存在以下问题：一是社区关键问题挖掘不足。服务方案的设计大多是普遍化的社会问题及服务对象的浅层次需求，对关键问题和需求把握不清。二是介入策略方法欠缺逻辑。因核心问题把握不准，服务策略方法选择时易出现偏差，导致治标不治本。三是服务方案执行出现偏差。未做好风险预案或缺乏有力监测，仓促实施方案导致方案落地困难。督导者 MN 在了解情况后，首先带领社工团队走访社区，对社区的基本信息、特点、困难群体进行全面、细致了解。在初步了解后，运用头脑风暴法厘清可关注和回应的社区问题及需求，同时选择最迫切需要解决且在社工能力范围内可解决或改善的问题作为服务介入点。在对社区核心问题（精神疾病康复者社区融入）进行充分调研的基础上，督导者 MN 运用逻辑框架法引导一线社工小方设计服务方案，共同讨论服务目标、恰当的

---

① 赵芳，尤哈·哈马莱宁. 社会工作实习与督导：理论与实务［M］. 北京：社会科学文献出版社，2021：65-67.

介入策略、服务的最终预期成效等。针对该社区精神疾病康复者家属不知如何提供照顾和支持、社会居民对精神疾病康复者缺乏接纳、精神疾病康复者在社区难以就医等问题，督导者 MN 引导小方采取对家属提供相应的家庭照顾与康复的知识技能培训、在社区举办精神卫生知识宣传教育、链接医院及社康（社区健康服务中心）资源等措施提升家属及社区对精神疾病康复者的支持与接纳度，提高他们享受社区康复医疗服务的便利性，为精神疾病康复者改善社区康复环境，促进其社区融入。

（资料来源：黄红、李晓凤《社会工作督导实务案例分析》）

　　二是服务过程中的反馈和专业技巧的指导。社工站督导者对一线社工服务过程的反馈主要有两个方面。一方面是对一线社工的专业服务进行正面强化。当一个初入行业的一线社工能够较为圆满地完成一次高质量的小组工作，或者某个一线社工深耕于某一领域，形成了自己的服务特色，督导者应予以及时的正面强化，引导其分享经验，增强其自我效能。另一方面是及时发现服务过程中的问题，并给予社会诊断、分析处理数据、实施干预等专业技巧上的指导。在开展小组工作时与小组成员签订小组契约是新手社工常常面临的挑战。有时候小组成员比较活跃、经验较为丰富，并不愿意接受小组契约；有时候小组成员比较寡言，一线社工提供什么样的小组契约他们就接受什么样的小组契约，但内心并不认同。此时，社工站督导者应指出这种签订小组契约的方式并不会带来好的效果，指导一线社工在合适的时间以合适的方式将小组契约融入小组工作。此外，在开展个案工作时，由于经验不足，一线社工经常面临着不知如何引导服务对象将问题深入下去、陷入说教式访谈等窘境。这时社工站督导者就需要传授一些面谈技巧，帮助社工与服务对象建立信任关系，引导社工意识到解决问题的关键在于服务对象自身。

案例分享

　　社区养老院新来一位退休老人，自理能力尚可，但每天情绪低落，社工有点无从下手。开始时，社工以为老人是适应问题或者吃住行等没有达到他的要求，后经过多次了解得知，该退休老人并不存在这些问题，反而对社工的服务有点反感。在一次个别督导中，社工站督导者运用"人在情境中"的理念引导社工从退休老人生理、心理、家庭、社会环境等多个方面深入思考老人情绪低落的影响因素。社工经过多方了解，认识到老人的问题主要是由两方面原因造成的：一是老人从领导岗位退下来，难以适应权力丧失的失落感；二是两个子女忙于自己的工作和家庭，无暇照顾他而将其送至养老院，产生了没面子和被抛弃的感觉。之后，督导者在与社工商讨服务时，引导社工采用让这位退休老人运用丰富的社会经验指导志愿服务发挥余热的方式，恢复其自尊心和存在感。果然，老人的社会协调与统筹能力非常强，在志愿服务团队中发挥了重要作用，感受到了被需要感，体验到了社会存在感，精神面貌大为改善。

　　　　（资料来源：深圳市社联社工服务中心新社区服务中心原一线社工 YQ
　　　　讲述）

　　三是服务结束后对服务的反思、升华。作为全程的观察者与监测者，社工站督导者需引导一线社工对整个服务进行复盘与反思。复盘与反思的内容涵盖一线社工自身因素、与服务对象的专业关系、服务对象的问题与需求、服务方案、团队协作、资源链接、组织机构等各个方面。复盘与反思的内容既有总体性的，如对总体服务方案及效果进行反思，也有细节性的，如对某一环节某一具体实施方法的反思。[①] 比如，在进行社区工作时，对社区居民意见较大的某一公共议题，社工当时采取的专业技巧是什么？这项技巧是否合适？在当时的情境下是否有更好的方法？在复盘这些问题时，督导者可以和一线社工进行广泛讨论，引导其进行深度思考，并总结经验教训。

---

　　① 赵芳，尤哈·哈马莱宁. 社会工作实习与督导：理论与实务 [M]. 北京：社会科学文献出版社，2021：70~71.

案例分享 ·······································

　　3 名一线社工被派驻到社区为高龄独居老人服务。一线社工在前期调查与入户探访的基础上，通过建立志愿者网络、整合社区内外社会资源为高龄独居老人开展了个案辅导、"茶话会"、"保健沙龙"、怀旧辅导小组等服务，为高龄独居老人提供健康知识学习、精神娱乐活动、构建社区照顾网络等服务。在服务结束后，督导者引导 3 名一线社工对整个专业服务过程进行了反思与总结。社工们综合运用个案、小组、社区三种社会工作手法，全方位为独居长者提供专业服务，提升了独居长者的精神生活水平，促进了老人之间的互助，促使社区照顾网络初具规模，取得了良好的服务成效。但也发现了实务过程中一些值得关注的地方：一是未与独居长者的家属建立良好的专业关系，没有争取到他们的支持。二是志愿者网络持续性难以保证。由于志愿者多为大学生，时间不充裕，与独居长者一对一的探访关系难以长期维系。三是社会资源动员能力有限。因一线社工自身能力的限制及客观因素的制约，颇受欢迎的"保建沙龙"活动计划执行不顺利。督导者还建议社工们撰写服务案例，总结、分享服务经验，同时对服务过程中存在的问题进行分析与反思，为之后实务工作的改善提供借鉴与参考，促进实务技巧的提升。

　　　　　　（资料来源：吴水丽《社工先行者印记：深圳市社会工作专业督导案例
　　汇编》）

（三）专业伦理方面的督导

　　伦理价值是社会工作专业的"生命线"。[1] 美国学者多戈夫提出了七条伦理原则：保护生命、平等与差别平等、自主和自由、最少伤害、生活质量、隐私和保密、真诚和毫无保留地公开信息。[2] 国内学者焦金波等提出

---

　　① 皮湘林. 社会工作伦理的理论视域 [J]. 伦理学研究, 2009 (2): 39-43+79.

　　② 拉尔夫·多戈夫, 等. 社会工作伦理: 实务工作指南 [M]. 隋玉杰, 译. 9版. 北京: 中国人民大学出版社, 2005.

了五条伦理原则：第一是"保护生命安全原则"；第二是"营造机会平等原则"；第三是"最小伤害原则"；第四是服务对象"自主自决原则"；第五是"保密原则"。[①] 在价值观念多元化的现代社会，社会工作者在实务过程中不可避免地要面临各种各样的伦理困境，如身患绝症的临终关怀对象，难以承受病痛的折磨，想以自杀的方式结束自己的生命。作为社会工作者，面对这种情况，还能否遵循"服务对象自决"这一伦理原则？就目前而言，国内"安乐死"是被禁止的，那么如何平衡服务对象个人意愿与社会道德？由于伦理议题和选择情境的复杂性，一线社工可能会发现从理论层面到实务层面的转化是一个漫长的学习过程，常常会面临道德伦理上的冲突而造成行动上难以取舍的困境[②]。在这种情况下，一线社工需要同社工站督导者一同理性分析问题，遵循某项具体的伦理原则，结合实务经验和具体情境对服务对象采取恰当的辅导措施。

案例分享

　　一个7岁的女孩，她母亲因药物滥用和酗酒无法对她进行正常的照料，还时常打骂她。小女孩被安排进了社区服务中心的临时托管所，她在那里很安全，但不快乐；她希望回家，但和母亲在一起又有危险。小女孩的愿望、她母亲的愿望与我们对一个孩子应该得到照料的期望发生了冲突。母亲宣称她有能力和权利照看自己的孩子，并保证不再打骂孩子。负责此案例的社会工作者认为，之所以剥夺母亲的监护权是因为她多次不履行承诺，且多位居民反映了女孩受虐的情况。

（资料来源：江娅《社会工作中的伦理困境和价值冲突》）

---

　　① 焦金波，王超，李绍伟. 专业社会工作者伦理价值选择之优先序列 ［J］. 中国矿业大学学报（社会科学版），2005（2）：43-47.

　　② 赵芳，尤哈·哈马莱宁. 社会工作实习与督导：理论与实务 ［M］. 北京：社会科学文献出版社，2021：58-73.

在这个案例中，是尊重小女孩的选择，让她继续与母亲生活在一起，还是强行将其送到托管所，以保护其免受母亲的伤害？是保护其身体不受伤害，还是使其免受与母亲分离可能带来的心理伤害？当一线社工面临个人利益（小女孩希望回家）与社会责任（保护未成年人免受伤害）冲突时，该遵循怎样的伦理价值？这是一个很复杂且艰难的选择。督导者需要帮助一线社工厘清这一案例中存在的对立关系，理性分析小女孩离开母亲所受的伤害与她母亲施加给她的伤害，平衡好尊重服务对象自决权与保护服务对象生命健康权，在不违反社会责任的前提下最大限度地保护服务对象个人利益。

三、支持性督导

支持性督导涉及的是情感层面，要求督导者向一线社工提供心理和情感上的支持，通过安慰、疏导、鼓励、认可、赞许等方法帮助社会工作者管理压力，消除焦虑，减少内疚，增强自信，化解不满，坚定信念，肯定和强化自己的能力，恢复自我认同感和价值感，提高自我适应能力，恢复心理平衡，进而提升工作积极性和投入度。[①]

（一）情绪支持

专业社会工作督导者能通过恰当的方式有效解决或缓解一线社工的心理困惑和心理危机，能避免他们进入职业衰竭状态，对促进一线社工自我反思和自我成长、保持工作热情、提高工作效率、提升工作成就感、保持心理健康起着重要的作用。[②] 一线社工的情绪问题主要有三种：一是适应期的专业焦虑。一线社工刚走上工作岗位，首先面临着如何开展专业性服务的问题。如何将在学校中学到的专业价值理念、专业工作技巧运用到每一个具体的、活生生的服务对象身上？如何让服务对象切身感受到社会工作者相比志愿者的专业性优势？针对不同的服务对象如何选择适当的指导

[①]　卡杜山，哈克尼斯. 社会工作督导［M］. 郭名倞，等译. 4版. 北京：中国人民大学出版社，2008：172-173.

[②]　张威. 专业性社会工作督导对助人者自我成长的推动作用：以华仁社会工作发展中心的小组督导为例［J］. 社会工作，2016（5）：43-64+126.

理论、专业技巧？大部分一线社工在入职之初都会有这样的专业焦虑。这种不良情绪如果处理不当，往往会带入工作，不仅影响一线社工的自我效能，使其陷入自我怀疑，也会影响服务对象的服务体验，质疑社工的专业性与机构的可信度。这时需要社工站督导者尽其所能地同理一线社工的不良情绪，最大限度地理解一线社工的处境，通过情绪支持、角色转变、心理疏导、认知调整等专业手法培养一线社工的信心、勇气与专业认同。①

二是特殊情境中的情绪障碍。在实务工作中，一线社工面对的情境是多样的，有的社工被安排在养老机构，有的社工被安排在戒毒所，有的社工被安排在医院……当面临服务对象即将戒毒成功，又偷溜出去复吸时，那一刻戒毒社工的精神可能会受到巨大冲击，怀疑自己的工作价值；当面对昨天还笑靥如花今天却已天人永隔的服务对象，医务社工可能陷入无限悲痛与自责；社工在工作中，也会面临民政救助对象家庭再遭天灾人祸等情况，让社工感到自身的无能为力。这些不良情绪会使一线社工的情绪崩塌，难以再激情满怀地投入工作和生活。督导者发现这些情况后，应及时对一线社工进行情绪疏导，引导其回顾整个服务过程，协助其认识到他们已为服务对象最大限度地提供了尽可能好的服务，帮助他们理性面对现实、重建专业信心。三是工作倦怠期的不良情绪。社会工作本身是一项情绪性工作，加之社会地位与职业认同度低等社会因素的影响，一线社工在度过职业适应期、蜜月期后往往会出现职业倦怠期，具体表现为工作中的挫折感、疲惫感、自我成就感低、对工作感到气馁悲观、行为冷漠等症状。"做实务过程中，总会担心自己哪里做错了，会不会对服务对象产生负面影响，而往往又容易犯错"；"做社工真的很累，遇到大的服务项目，不仅需要体力，还耗费很多心力，有时真觉得力不从心"；"感到压力越来越大"；"有时候会怀疑是不是值得"；等等。② 这不仅影响一线社工自身的生理与精神健康，还会影响工作团队的稳定性，对社会工作机构乃至整个

---

① 杨婕娱．浅谈督导的功能与社会工作实践教学［J］．长沙铁道学院学报（社会科学版），2013，14（2）：9-10.

② 张大维，郑永君，李静静．社会环境、社会支持与社会工作者的职业耗竭：基于广深莞汉 100 名专职社工的调查［J］．中州学刊，2014（2）：79-84.

社会工作行业造成不良影响。督导者作为一线社工社会支持系统的主体之一，可以从两个方面帮助一线社工缓解职业倦怠感。一方面，为一线社工提供直接情绪支持，运用社会工作专业理论与方法疏解一线社工的疲惫感、挫折感，引导一线社工进行自我反思、自我调节，降低职业倦怠感；另一方面，督导者可以向机构甚至社会争取资源，为一线社工工作创造良好的制度环境、社会舆论环境，强化其工作原动力。

案例分享

　　在社区服务了两年的一线社工小 A，在某次个别督导中提出，由于社区工作忙碌，除了开展大量的个案、小组、社区活动，还要承担较多的行政性工作，其逐渐对工作产生了倦怠感，做任何事情都"提不起劲"来，每天的工作都像是在完成任务。另外，虽然意识到自己应该学点新东西，但通过分析发现自己有太多的"不懂"，一下子就"泄了气"，没了动力，也没了方向；偶尔想做一些学习计划，但感觉总是很难实施或难以坚持。当初刚毕业时因为觉得社会工作是充满希望的行业，所以义无反顾地踏入了这个行业。但现在两年过去了，有时候静下来想想，突然觉得前途一片茫然。

　　　　　　　（资料来源：黄红、李晓凤《社会工作督导实务案例分析》）

　　在这个案例中，我们可以看出小 A 入职已两年，对社会工作行业的憧憬和新鲜感逐渐降低；另外，在重复性的、繁杂的社区事务工作中，逐渐丧失工作成就感与价值感；而自身由于缺乏方向感，学习计划难以落地，进而产生失落感与挫败感。综合上述问题，督导者认为工作的重点在于激发小 A 的工作动力并提高其学习效率。在实际督导过程中，督导者运用欣赏式面谈和行动学习法，协助小 A 发掘自己性格的优点、积极的价值观、身边的社会资源及有意义的关系网络等优势与潜能，通过回顾过去、把握现在、展望未来明确自己的方向和目标，并制订出可行的、可持续的行动方案，从而降低其消极情绪，提升自我效能，强化工作动力。

(二) 自我意识的发掘

有时候一线社工实务过程中的负面情绪不仅来自专业技能不足、职业倦怠及各方面的工作压力，还有可能来自其自身尚未意识到的对服务对象某方面的不接纳。如一个性取向正常的一线社工，在服务同性恋对象时经常感到精疲力竭，这时社工需要花费心理能量来抵制内心的反感、不接纳。督导者有责任提高一线社工对自我的认识，协助其将自我意识作为研究对象，对自我认知、自我价值观进行反思，提高一线社工对多元价值观的容纳度及不同情感的感知力。

案例分享

一线社工 M 是一名受过高等教育、具有独立思想的现代女性，服务对象 A 因夫妻矛盾长期遭受家庭暴力。经初步面谈了解到，A 与其丈夫是同乡，均来自农村，最近因丈夫网恋发生矛盾，并有家暴行为。A 自结婚后全心全意为家庭付出，全职在家抚养两个小孩，每每想到这些就感到十分委屈。但考虑到自身经济状况、小孩成长及老家的社会舆论压力，A 并不想离婚。M 非常不理解服务对象 A 的想法，认为面对丈夫的精神出轨与家暴，离婚是服务对象 A 最好的选择。因而在实际的个案辅导过程中，不可避免地将这种观念强加于服务对象 A，但 A 始终走不出传统思想的牢笼。为此一线社工 M 感到非常挫败，甚至无工作动力。

（资料来源：黄红、李晓凤《社会工作督导实务案例分析》）

在这个案例中，我们可以看出一线社工 M 与服务对象 A 价值观上的差别：M 由于受过高等教育，具有独立思想、独立的经济能力，从骨子里认为女性应追求自由自主，捍卫自己的合法权益。而 A 在农村传统文化的影响下，固执地认为离婚对小孩成长不利，也有损自身形象；此外，由于没有工作，A 自我价值感比较低，认为离开了丈夫难以维持现有生活水平。正是这种潜意识中的观念差异造成一线社工 M 对服务对象 A 的难以理解，甚至专业的个案服务也难以继续。这时，督导者应引导一线社工 M 进行自我意识的反思，引导其认识到潜意识中与服务对象价值观念的差异及自我文化敏感性不足的问题，协助她从服务对象的角度深度同理他人的选择，防止"自以为是"地替服务对象作选择，以建设性方式帮助服务对象实现"服务对象自决"，达到利益最大化。

第三节　社工站督导的定位是什么

国外学者阿尔弗雷多·卡杜山和哈克尼斯认为，督导在完善社会工作服务机构的科层制管理体系、丰富社会工作者的专业知识与技巧、促进社会工作者专业化服务、监控与反馈服务品质等方面具有重要作用。① 黄源协指出，社会工作督导的意义在于改善决策和介入品质，赋予督导对象能力及组织自信，确认和解决个案与工作负荷相关问题，协助确认和达成个人的学习、生涯和发展机会。② 赵芳、尤哈·哈马莱宁认为，督导是提高社会工作专业服务水平、培养具有实务工作能力的专业社会工作者的有效方法之一。③ 刘斌志、何阳认为，社会工作督导是促进社会工作规范化、专业化、职业化的基础与保障，更是社会工作专业高质量建设的重要推动力量。④ 目前不管是社会工作学术界还是实务界都已基本达成一种共识，普遍认为督导对于一线社会工作者、社会工作服务机构及社会工作专业服务的发展具有促进作用。

---

　　① 卡杜山，哈克尼斯. 社会工作督导［M］. 郭名倞，等译. 4版. 北京：中国人民大学出版社，2008：27-38.
　　② 黄源协. 社会工作管理［M］. 上海：华东理工大学出版社，2018：379-380.
　　③ 赵芳，尤哈·哈马莱宁. 社会工作实习与督导：理论与实务［M］. 北京：社会科学文献出版社，2021：52-54.
　　④ 刘斌志，何阳. 新时代中国特色社会工作督导研究反思与展望［J］. 社会福利（理论版），2021（6）：3-12.

一、保证社工站专业服务品质

广东等社会工作起步较早的地区，社工站招聘的社工大部分受过专业化训练或科班出身，其他地区的乡镇（街道）社工站的社工的理论知识学习和实践培训锻炼普遍较少。同时，在现实工作场景中，由于社工站社工的服务对象是不同年龄阶段、不同职业身份的，所面对的问题是千变万化的，所面临的关系主体也是形形色色的，这些不确定性和变动性，常常会使一线社工难以作出专业判断，所制订的服务方案也难以具有可行性、针对性。这个时候，社会工作者需要新的知识、技能以及情感支持来应对实践处境中不断变化的各种难题。① 一是社工站督导者可以为一线社工提供情感上的支持，让他在轻松、信任的环境中倾诉自己的挫败感，表达自己的想法与感受，及时调整好工作状态。二是社工站督导者可以为一线社工提供专业服务技能上的指导，与其一起探讨服务对象的问题与服务方案，协助其解决理论指导实务"最后一公里"问题，不断在实践中塑造社会工作服务的专业性。三是社工站督导者可以通过专业评估的方式倒逼一线社工提升专业服务水准。督导专业评估是多方位、多维度的，既要与一线社工回顾整个服务过程中对服务对象问题的把握、干预过程中相关理论与方法的运用、实务中伦理的抉择等，又要对服务对象进行回访、问询意见等。这种交流为一线社工提供了审视与反思的机会，能够让他们厘清自己在专业实践过程中作出某种选择的原因及所持的视角，学会、掌握从服务对象客体的角度思考问题，总结出实务工作中更有效的应对方式，进而提升专业服务品质。②

二、促进社工站团队成长

督导者在社工站团队中发挥着"领头羊"的作用，通过言传身教、专业督导等方式有力促进社工站团队成长。一是督导者为社工站打造专业团

---

①　童敏 . 社会工作督导基础知识［M］. 北京：中国社会出版社，2019：21.
②　同①21-22.

队。督导者在实务过程中能够站在社工站发展全局的高度用专业的眼光有意识地为机构培养管理者、项目主任、一线社工等各个层次的专业人才。二是督导者促进团队成员自我成长。一方面，督导者通过继续教育为社工站各个层次的专业人才提供专业化督导，使他们建立高度的专业认同和正确的专业伦理，同时协助他们进行职业生涯规划，为他们提供良好的职业发展空间，指导他们将个人梦想与机构长远发展目标有机融合；另一方面，督导者通过监督、评估等行政性手段，对团队成员的职业表现进行评估与考核，进而对机构的人员招聘、选拔、培养、调岗等提出意见建议，促进社工站实现"人岗匹配""人尽其才"，促使社工有意识地结合社工站期望与服务对象需求加快自我成长。

三、实现社工站建设成效

我国社会工作发展历史比较短，很多社工站的管理者自身也没有接受过专业训练，缺乏从专业角度来运营机构的经验。而专业技能较为熟练、实务经验较为丰富的督导者，对社工站的建设、发展具有重要影响。一是督导者能够从社工站长远发展的角度谋篇布局。督导者能从专业的角度为社工站专业服务长远发展方向提供咨询与建议，并根据社会需求变化和服务对象反馈不断校准发展方向。二是督导者能够有效促进社工站管理制度的完善。督导者是社工站与一线社工的中间人，能从机构管理和一线社工实务的视角观察社工站整体运行状况，及时发现存在的问题，分析找出制度上的原因，持续推动管理制度的完善。三是督导者能够有效保障社工站的专业服务质量。督导者不仅要关注一线社工的专业服务质量，还需要从整体上把关机构的专业服务质量，对服务过程中出现的问题及时提出整改意见，保障社工站的整体服务水准。[①]

四、推动社会工作行业专业化发展

专业化发展的必要条件之一，是社会的肯定和人民的认可。而获得这

---

① 张洪英. 社会工作督导理论与方法 [M]. 北京：中国社会出版社，2018：20-21.

种肯定与认可的唯一途径是：为服务对象提供其他专业或未受过本专业训练者所无法提供的有效服务。① 督导者对社会工作行业专业化发展起着举足轻重的作用。一是督导者通过直接教育的方式推动社会工作行业专业化发展。督导者通过定期或不定期地向一线社工传授专业服务的技巧与方法，提升专业化服务水平，帮助社会工作专业获得服务对象乃至社会大众的认可。二是督导者通过协调沟通的方式推动社会工作行业专业化发展。当前，政府购买服务是社会工作行业发展的主要推动力，如何在这个大环境下保持社会工作专业的独立性成为专业化的一大考验。而督导者能够协调好服务购买方、服务使用方、服务对象及一线社工之间的关系，保障社会工作专业服务既以服务对象为中心，又兼顾利益相关方的需求。② 既为社会工作行业的发展争取外部环境，又彰显了社会工作行业区别于一般志愿服务的专业性，获得社会的理解与认可。三是督导者通过政策倡导的方式推动社会工作行业专业化发展。督导者深入接触社会工作实务一线，广泛听取一线社工的意见建议，更容易发现社会工作行业发展存在的根本性、制度性问题。同时督导者在行业内具有一定话语权，能够从行业发展的宏观层面，向政府有关部门发出政策倡议，推动有关政策的改善，从而为社会工作行业专业化发展争取更多的政策支持。

案例分享

拥有福州市台江区鲲鹏青少年事务服务中心"主任+督导"双重身份的刘安娟在进入机构之初，面临一系列的问题与挑战：社工团队士气低落、情绪负面、流动频繁；专业服务无从下手，服务能力低、服务对象不接纳、社会工作专业的知晓度、认可度低……为此，她采取了一系列措施。

---

① 张洪英．社会工作督导理论与方法［M］．北京：中国社会出版社，2018：15.

② 同①19−20.

建章立制，规范管理。制定考勤制度、考核制度、档案管理制度、社工监督投诉制度等，规范管理社工队伍。但她在实践中发现，仅仅依靠制度、物质奖励等硬性管理手段并不能切实提高社工团队的工作热情，达不到预期效果。

在多次摸索后，她意识到要从情感上多关注社工的基本需求、心理动态及个人成长，才能激发社工的工作动力。为此，她做了以下工作：一是关注团队基本需求。积极为社工们争取更好的薪酬待遇，提供高温补贴、生日补贴、婚育补贴等福利补贴，为社工购买国家规定的"五险一金"之外的意外险、医疗互助险，设立"困难社工关爱基金"，满足社工团队的基本生存需求。二是加强专业培训。通过"每天晨会分享专业服务感受与技巧、每周一次个案分享会、每月一次团训、每季度一次专业培训"等提升社工的专业服务能力；同时，积极争取资源，采取"请进来"与"走出去"相结合的方式为团队提供交流与学习的机会。三是积极培养人才梯队。采取"社会工作督导指导、专职社工带领助理社工与志愿者共同成长的多层次人才队伍建设"模式积极组建"服务总监—项目主管—一线社工"社工人才梯队。四是重视职业生涯规划。结合社工的特长与优势鼓励他们进行自我提升，帮助他们进行职业生涯规划，为他们的职业成长提供支持与平台。五是鼓励社工参与决策。在项目开发、服务方案的制订、机构使命愿景的调整等方面鼓励社工献计献策，培养他们的主人翁精神以及与机构同发展的意识。

经过一系列努力，该中心的社工团队由起初的"混乱不堪""矛盾丛生"转变为一个和谐友爱、相互支持、共同进步的团队，开始发挥专业力量，服务成效也越来越明显。社工团队围绕该机构重点服务对象青少年群体，综合运用个案、小组、社区等工作手法，设计了"心航向·回归计划——涉案、行为问题青少年帮扶项目"、"青春同期声——青春期性教育项目"、"校园零欺凌——防治校园暴力项目"、寒暑假篮球赛、动漫展等服务项目。在社工团队的努力下，这一系列服务取得了良好成效，得到了青少年及家长的好评。服务对象从开始时的"不在"，陆续转变为主动求助者，以至于团队应接不暇。其中，"心航向·回归计划——涉案、行为问题青少年帮扶项目"得到了福建省公检法系统的高度重视与认可，获得了较为稳定的经费与政策支持。2015 年，福建省检察院和团省委还共同出台了《关于在未成年人检察工作中引入青少年司法社工的意见》，并就该项工作在鲲鹏青少年事务服务中心召开了全省检察系统的现场观摩和经验交流会，在全省范围内推广该项工作。"青春同期声——青春期性教育项目"也获得服务对象和社会的广泛认可，在全省乃至全国各地进行推广，与多地计生协部门达成合作意向。

督导刘安娟同志因其突出的工作业绩，被选为福建省政协委员、全国青联委员、福建省党代会代表等，先后向政府部门提交了《关于加大社区文化设施和专职社工队伍建设投入的建议》《关于以政府购买服务形式推动青少年社会工作的建议》《关于推动学校社会工作发展的建议》《关于专业社会工作者介入涉案青少年帮扶过程》等提案，继续从政策层面倡导社会工作的发展。

（资料来源：吕新萍《为服务一线社工而来：13 位社会工作督导者的心路历程》）

上述案例表明，督导者在社工团队建设，提升专业服务品质、推动社会工作机构制度建设和运行，推动社会工作行业发展等方面发挥了重要作用。（1）社工团队建设。督导者通过建章立制、专业化继续教育、物质与情感支持、主人翁意识培育等多种方法，提振社工团队士气，激发社工团队工作动力，改变过去消极怠工、人才队伍不稳定等状况。（2）提升专业服务品质，推动社会工作机构制度建设和运行。督导者协助建立健全了考核制度、档案管理制度、员工培训制度等一系列管理制度，促进了机构的规范运行。（3）推动社会工作行业发展。"心航向·回归计划——涉案、行为问题青少年帮扶项目"和"青春同期声——青春期性教育项目"两个精品项目在福建省乃至全国范围内进行经验模式推广，与公检法系统、卫生健康等部门建立了长效合作机制，特别是福建省还出台了《关于在未成年人检察工作中引入青少年司法社工的意见》，为社会工作发展创造了良好的制度环境，进一步提高了社会大众对社会工作专业的接纳度，扩大了社会工作专业影响力，推动了社会工作的专业化与职业化进程。此外，督导者运用其社会职务及其话语权、影响力，多次以提案、议案的方式向政府部门作政策倡导，从政策层面促进社会工作行业发展。

第 3 章

督导工作第一步：建立关系

中国社会工作督导在职业和教育两个领域发展出了实证主义与建构主义两种主导范式①，从这两种范式来看，社会工作督导是一种"以关系为基础"的工作模式。

在实务工作中，督导关系的建立是开展督导的第一步，良好的督导关系为督导工作奠定了坚实的基础。与日常生活中其他关系（如亲情关系、商业关系等）所不同的是，督导关系本质上是督导者与督导对象之间所形成的一种专业关系，它有三个要素：一是督导者与督导对象之间有一个双方达成共识的目标；二是在一个特定的时间范围内；三是双方为实现专业目标而进行一系列的互动。可以说，专业关系建立是社会工作督导实践的灵魂。

然而，在实践中建立良好的督导关系并不是一件容易的事情，既需要开展督导服务的场域——机构/社工站正式授权提供的相对安全的环境，也需要督导者和督导对象彼此协同以构建一个良好的专业关系。为此，本章将从督导者的角度出发，重点围绕认识督导对象、识别督导对象需求、签订督导协议来阐述专业关系的建立。

---

① 实证主义倾向于同督导对象建立师徒性质的督导关系，且将督导过程视作知识的单向传递过程。建构主义则强调地方性知识的积极意义，认为督导对象在地方性知识方面占据优势，重视建构伙伴性质的督导关系，并将督导过程转化为协同行动过程。

第一节　认识督导对象

　　督导对象按照专业水平分为三类：一是社工站专职社会工作者，包含资深者以及新入职者；二是社会工作专业的实习学生；三是非专业的志愿工作人员。正如社会工作强调"人在情境中"一样，督导工作也并非在真空中开展，而是有切实的情境与脉络。这些情境与脉络既是专业工作开展的背景，也在一定程度上塑造了专业实践的目标与过程。因此，在督导专业关系建立之前，需要对督导对象及其所在的情境脉络（社工站及督导对象自身所处的社会文化环境）有所了解。

一、认识社工站

　　一般来说，当前的社工站有的建立在乡镇或街道，有的坐落于村（居）或社区，然而每一个社工站的落地都不是一蹴而就的。在实务工作开展前，督导者应"眼观六路、耳听八方"，深入了解所督导社工站的过去、现在和未来。可以从三个方面入手：

　　首先，"回溯前世"。查询并仔细研读社工站所在地政府颁发的与社工站建设有关的政策或指引文件，把握社工站的定位；查询并了解当地社会工作行业发展脉络，把握社工站在行业生态中所处的位置，并了解站点选址、硬件建设、人员配置、组织架构、经费支出、社工站布置、设施配备等方面的具体情况。以广东省社工站建设为例，见表 3-1、图 3-1。

案例分享

表 3-1　广东省社工站建设相关政策文件（2017—2021 年）

发布时间	内容
2017 年 1 月 29 日	《关于做好"双百镇（街）社会工作服务五年计划"启动阶段有关工作的通知》
2017 年 5 月 31 日	《关于进一步做好粤东西北"双百镇（街）社会工作服务五年计划"有关工作的通知》
2017 年 6 月 24 日	《关于做好"双百镇（街）社会工作服务五年计划"社工接收和签订劳动合同等工作的通知》
2019 年 1 月 3 日	《关于做好乡镇（街道）社会工作服务站建设运营示范项目申报工作的通知》（粤民函〔2019〕17 号）
2019 年 8 月 15 日	《关于印发〈广东社工"双百计划"督导工作管理暂行办法〉的通知》（粤民办发〔2019〕16 号）
2020 年 11 月 7 日	《关于实施"广东兜底民生服务社会工作双百工程"的通知》（粤民发〔2020〕142 号）
2021 年 1 月 4 日	《关于印发"广东兜底民生服务社会工作双百工程"实施方案的通知》（粤民发〔2021〕3 号）
2021 年 2 月 9 日	《关于印发"广东兜底民生服务社会工作双百工程"整合人员名单的通知》（粤民函〔2021〕38 号）
2021 年 2 月 22 日	《关于同意建立"广东兜底民生服务社会工作双百工程"联席会议制度的函》（粤办函〔2021〕26 号）
2021 年 3 月 25 日	《关于成立广东省民政厅"广东兜底民生服务社会工作双百工程"工作领导小组的通知》（粤民办函〔2021〕39 号）
2021 年 5 月 25 日	《关于印发〈省级财政兜底民生服务社会工作双百工程补助资金使用管理办法〉的通知》
2021 年 6 月 21 日	《关于加强"广东兜底民生服务社会工作双百工程"督导工作的通知》（粤财社〔2021〕129 号）
2021 年 7 月 22 日	《关于印发〈"广东兜底民生服务社会工作双百工程"乡镇（街道）社会工作服务站管理办法〉的通知》（粤民发〔2021〕87 号）
2021 年 10 月 14 日	《广东省民政厅关于举办"广东兜底民生服务社会工作双百工程"挂牌仪式的通知》

```
┌─────────────────┐
│   社工站站长      │
└─────────────────┘
         │
┌─────────────────┐
│   常务副站长      │
└─────────────────┘
         │
┌─────────────────┐
│  社工站副站长     │
└─────────────────┘
         │
    ┌────┴────────────────┐
┌──────────┐      ┌──────────┐
│社工点联络员│      │社工点联络员│
└──────────┘      └──────────┘
    │          ┌──────┴──────────┐
┌──────────┐ ┌──────────┐ ┌──────────┐
│服务性岗社工│ │服务性岗社工│ │事务性岗社工│
└──────────┘ └──────────┘ └──────────┘
```

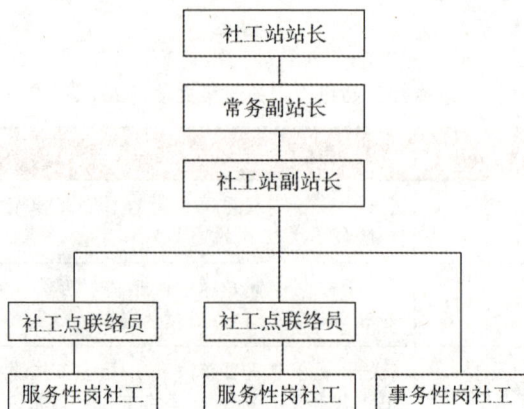

图 3-1　广东省社工站架构示意图

　　其次,"了解今生"。进入社工站所在乡镇(街道)或村(居),与社工一道"用脚丈量社区",通过走街串巷,了解社工站所在社区或村(居)的基本情况,包括历史文化、人口结构、地理环境、道路交通、社区生计与居民的生活方式、社区意识等,做到心中有数。详情可参考表3-2。

表 3-2　社工站所在社区或村(居)基本资料

维度	具体内容
地理环境	包括社区的面积、位置、气候、行政区划、交通设施、道路状况、服务设施设备、社区物理空间等。通过这些尝试确定社区心理认同的边界,找到社区地理的"热点",进而确定社区的特征
人口状况	包括社区人口的规模、结构、分布状况以及主要特征等。在操作上,可以去了解社区内的人口总数、性别比例、年龄结构等,特别是社区内民政服务对象的资料。了解具体情况后,可以就某个群体去了解他们在社区中的历史,他们在社区中的分布,他们有哪些特征,他们如何看待他们面对的烦恼、挑战、问题和障碍,他们如何看待社区
历史文化	包括社区的历史(社区由来、发展历程等)、曾经有过的重要事件、重要人物、文化传统、物化标志、风俗习惯和社会舆论等。可以通过发动社区居民共同参与,重塑社区的文化特色,了解社区文化特色,这对激发社区居民的参与动机非常有帮助,更是深入了解社区的最佳途径

维度	具体内容
社区生计	包括居民的生产方式、消费方式、娱乐休闲方式、工作生活作息规律等。例如，居民主要收入来源、消费支出状况怎样、娱乐消费支出状况怎样等
社区意识	社区意识反映的是社区成员之间的联结程度、对社区环境的认知，包含集体共有的价值观、行为规范与愿景。具体说，社区意识是指社区居民对社区的感觉如何，对社区的归属感和认同感，居民之间彼此的关系好坏。例如，居民之间的人际关系是否和谐友爱，交往互动频率、深度、方式、性质如何，是否建立互帮互助的邻里关系等。例如，居民对自己所在的社区的评价认可状况，有无为集体、为社区服务奉献的精神与动力等

最后，"问计于需"。一方面，通过拜访社工站"守门员"——当地镇（街）所指派的行政负责人，了解镇（街）社会经济发展方向、规划，以及镇（街）行政层面对社工站建设的期待；另一方面，与社工一起走访村（居）民，以了解村（居）民对社工站服务的期待。

二、认识社工

"助人者本身，才是最重要的工具。"除了认识社工站之外，督导者也应重点认识督导对象——社工。然而，在面对复杂的需求和挑战时，即使是受过专业训练的社会工作者也经常会产生挫败感和职业倦怠感。如果没有从督导者等处获得足够的支持，社工将可能面临更大的压力和困难，最终无法负荷，更遑论为服务对象提供高质量的服务。

为此，作为社工"同行者"的督导者应通过各种方式尽量了解社工。

一是了解所督导社工的成长历程、家庭结构与个人兴趣爱好，特别是对其成长有重大影响的事件等。

二是了解所督导社工的社会工作职业发展经历，如相关教育背景、职业选择、从业经历（服务机构、服务年限、服务领域与特长）、职业资质情况以及对自身职业发展的规划等。

三是了解社工在当前工作中所面对的压力和挑战。这些压力与挑战既可能来自服务对象，也可能来自社工站同事、主管与督导者，以及其他非工作因素。社工的人格特质、自我概念和应对技巧与这些压力源互动，最终成为其应对压力的行为反应，如图3-2所示。

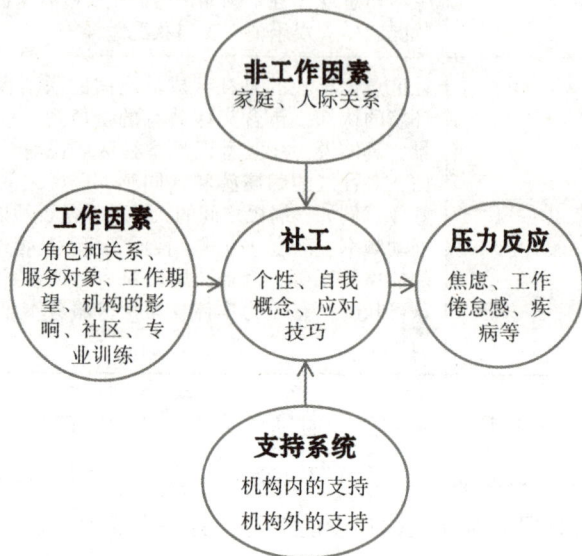

图3-2　社会工作者的压力源示意图

三、认识社工站的合作资源

在认识社工站以及社工的基础上，督导者可与社工一起盘点社工站的合作资源。盘点时，可以采用不同的分类方式。

一是按照软性资源和硬性资源进行分类。可以分为个人、社区组织、社区团体及部门等软性资源和自然环境及物质设施等硬性资源。

个人资源包括社区居民的天赋、才能、知识、技能、资源、价值观及投入感等。在社区层面，个人是社区组织、社区团体及部门资源的基础。

社区组织资源是指社区内的不同宗教、文化、娱乐、社交、公民组织或小组。

社区团体及部门资源是社区居民参与社区事务的重要途径，是社区资源"流通"的有效途径，包括地区政府部门、非政府机构。

自然环境及物质设施资源是社区自然环境及社区内的设施（如公园、

图书馆等）及其使用与管理形式。

　　二是按照社区内部资源和社区外部资源进行分类。社区内部资源包括社区拥有的教育、医疗、娱乐、社会福利等物质资源，社区形成的文化、习俗、价值观、居民的智力水平、劳动技能及社区归属感等精神资源。社区外部资源包括社区可以从政府和社会获得的政策、人力、设施、资金、技术和信息等。

　　可以运用社区资源表（如表3-3所示）盘点社区资源。

表 3-3　社区资源表

	社区内部资源		社区外部资源	
	正式资源	非正式资源	正式资源	非正式资源
人力资源				
物力资源				
财力资源				
文化资源				
社会关系资源				
……				

　　三是按照"人、文、地、产、景"进行划分。

　　人，包括社区里出现的历史人物，住在社区里的文学家、艺术家、工艺师或具有特殊专长（如厨艺、讲故事等）的人物等。

　　文，包括特色的文化生活、风俗习惯、节日庆典、历史故事、民间传说或文化活动、传统美食、老地名或故事、老建筑或庙宇，甚至是地方口音和用语等。

　　地，包括气候特色、生态资源、地形地质特色、动植物资源等。

　　产，包括第一产业（农林牧渔业）、第二产业（采矿业，制造业，电

83

力、热力、燃气及水的生产和供应业，建筑业)、第三产业（服务业）。

景，包括晨光、夕阳、梯田、竹林、峡谷、步道等自然景观或古迹、特色建筑物等构成的特色景观。

在对资源进行分类的基础上，督导者和社工也可以发动居民参与绘制社区资源地图（如图 3-3 所示）。

图 3-3　社区资源地图（图片来源：江门鹤山市鹤城镇田心村）

通过盘点资源，督导者可进一步与社会工作者共同分析社区的内在动力关系，掌握社区权力结构以及社区内部个人、团体及组织之间的互动网络。这既有利于社会工作者判断社区的真实需求，判断哪些人可能是潜在服务对象，并在社区内精准定位，选择与哪些人、哪些团体合作，与哪些人、哪些团体结盟，与哪些人、哪些团体友好或者保持距离；也有利于社会工作者在社区内找到推动社区发展的内在动力，综合多方资源，解决社区问题，确保实现服务目标。具体步骤如下：

首先，了解社区内热心社区事务的个人、正式或非正式的团体、组织、机构等，分析其各自的影响范围、彼此关系的亲疏远近，最好能绘制社区权力结构图（如图 3-4 所示）。通常组织或社团的领导者（负责人）都是各行业中的领袖及精英，对社区有着重要影响。

其次，从静态的社区中，比较难以把握社区内在动力，可以从某一社

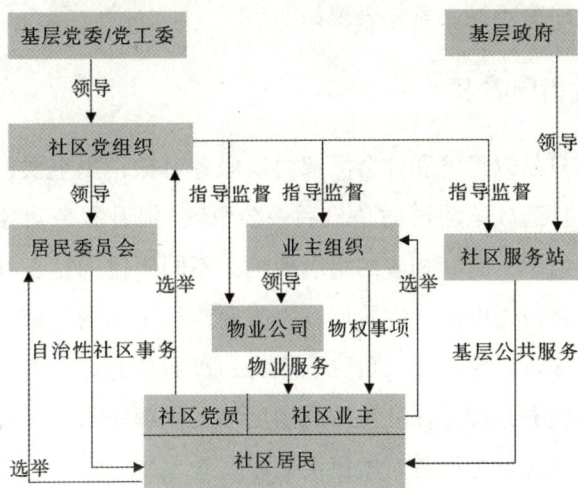

图 3-4　某城市社区合作型权力结构示意图

区事件、活动入手来观察和思考社区内的人、组织和团体背后的立场与关系。例如，在社区里谁能决定某个活动要不要举办、如何举办，谁有能力找到需要的资源，谁说话比较有说服力，谁的动员能力比较强，谁总是泼冷水、制造麻烦；捋清楚谁可能是社工站工作时依靠的对象，谁可能是社工站工作时需要"提防"的对象。又如，社区居民间"微妙"的关系，亲友间、邻里间的不和睦；不同族群之间的"明争暗斗"；社区中谁跟谁走得近，谁跟谁是伙伴；谁可能是"有资源的"；等等。

第二节　识别督导对象需求

在了解督导对象及其所处的情境脉络后，督导者需要识别督导对象需求，这是关系建立阶段的一项重要工作。一般来说，社会工作督导的内容重点包括五个方面：与服务对象有关的议题、与介入有关的议题、与督导对象有关的议题、与专业知识有关的议题、与人际互动有关的议题。这些督导内容重点，反映了督导对象在行政指导、专业提升和情感支持三个方面的需求。三者之间尽管有一定的重叠，却在应对的问题、实现的目标以

85

及督导关系上略有不同，具体表现如下。

一、行政指导需求

社工站不只是以经济和社会资源协助服务对象，更重要的是作为政策输送的管道来打通政策输送的"最后一公里"，提升服务对象的福祉。社工站作为一个组织，有其相应的组织架构，不同岗位的社工在此架构下协调配合。督导者位于中间管理阶层，一方面对社工站的行政主管负责，另一方面对直接提供服务的社工负责。作为一种职务，督导者尽管不直接为服务对象提供服务，却是在社工站的制度和工作程序下，通过促进社工进步来间接推动社工站为服务对象提供最佳服务。

在满足行政指导需求方面，督导者被视为督导对象的上级或主管，两者具有"上下级"的关系；督导者的作用主要是协助社工站全方位提高管理能力，进一步化解团队矛盾，激励团队士气，畅通沟通渠道，增加组织绩效。督导工作的重点在于：关注及识别督导对象在提供服务时所遭遇的行政层面的挑战，特别是关注社工站的制度建设和服务流程是否正确、有效和适当，确保社工站实务工作的完成及其服务质量。例如，协助督导对象了解社工站的制度、运作机制，明了其职责所在；视督导对象的能力、特长、兴趣分配工作；协助督导对象进行社工站内外、上下与服务对象之间的沟通和协调等。

具体来看，督导者在满足行政指导需求方面的任务包括：社工站服务规划与实施管理，社工站人力资源管理，社工站行政程序优化及档案管理，以及社工站外部联系管理等其他议题。

二、专业提升需求

社会工作是一个高度注重实践导向的专业。学校教育及职前训练为社工提供了基本知识结构，但是将所学的通用知识正确、有效地应用于具体情境，既需要社工个人在实践中不断精进，也需要督导者承担一定的指导和帮助。

在满足专业提升需求方面，督导对象被认为是学生或受教育者，督导者被视为"师傅"或老师，对督导对象进行一定的指正和教导，督导者的作用主要是提供教育训练，强化督导对象的专业能力。督导工作的重点在于：协助督导对象的专业学习成长过程，增强相关的专业知识技术，培养更合适的工作态度与技巧，实现助人者专业成长和职业发展。在实务工作中，督导者对于督导对象，犹如师傅带领学徒，负责"手把手"地向督导对象提供亲身示范与学习的机会，使其逐渐掌握从社会工作专业视角来看待与处理各种各样的社会现象和社会问题的技能，养成专业思维和专业能力。

具体来看，督导者在满足专业提升需求方面的任务包括：协助督导对象提升有关面对服务对象的知识与技术；协助督导对象提升探索和了解自我潜质方面的知识与技术；协助督导对象提升整合理论和实务以及专业方法的知识与技术；协助督导对象提升强化专业伦理和价值观的知识与技术等。

三、情感支持需求

社工及志愿者既是专业的助人者，也是有血有肉的个人，在服务过程中，社会问题的复杂性以及困难群体的情境也会在一定程度上冲击着他们的情绪、价值观和人生观。这些冲击会使助人者产生情绪和心理压力，并影响其工作、生活和身心健康。

对于情感支持需求，督导者的功能是提升督导对象的工作士气和增强其工作成就感，使其更有能力胜任助人工作。

在满足情感支持需求方面，督导者和督导对象之间的关系不再是强调权威和指导，而是一种彼此支撑合作的、伙伴式关系，两者在彼此尊重与信赖之上形成平等的、陪伴的关系。在关系的建立上强调督导对象根据实务工作的要求，主动寻求帮助和支持。督导者则"以督导对象为中心"，重点关心督导对象的想法、感受、情绪、需要与能力等，鼓励与安慰督导对象正确面对服务中所受到的质疑与伤害，提供情绪支持与压力管理，使督导对象避免职业倦怠。此时，督导者不再是站在专家的角度进行教育指导，而是陪同督导对象面对、解决其工作和生活中的问题，以健康积极的心态投入工作、生活。

在实际的督导过程中，上述三种需求并非互相独立的，往往交织在一起，特别是行政指导需求和专业提升需求之间通常有着较为密切的关系。总的来说，在具体的督导中应实现教育、支持和行政需求的融合，它们都围绕"尽可能为服务对象提供最好的服务"这一核心目标展开。督导对象需求的识别与应对见表3-4。

表3-4　督导对象需求的识别与应对

督导对象需求	督导目标	督导关系	督导重点
行政指导	规范社工站组织管理	上级与下级，权威	执行行政目标
专业提升	促进督导对象专业成长	老师与学生，指导	专业方法与技术
情感支持	促进督导对象身心健康	合作与伙伴，平等	情绪支持与安慰

第三节　签订督导协议

在识别督导对象及其需求以及澄清督导职责的基础上，督导专业关系建立的表现之一就是通过书面方式就督导服务签订相应协议。一份督导服务协议的达成并非一蹴而就，也不可能是督导者或购买主体单方面的邀约，而是购买方、督导者以及督导对象集体协商的结果。督导协议既是督导工作的计划方案，也是参与整个服务过程的各个主体对服务的承诺。从法律的角度来看，书面协议的达成，也意味着明确了服务中各个主体的责任与义务。

一、督导协议的内容

不同的主体最终达成的督导协议在内容上可能会有细节上的差异。一般来讲，督导协议的内容除符合相关法律的规定外，还包括一些典型要素：督导期限、督导时间、督导职责与内容、权利义务、绩效评估和违约责任等内容。

督导期限，既可与项目周期同步，也可以年为周期。以年为周期，给予了督导者与督导对象一定的时间来建立稳定的关系，同时对督导服务购买方和社工来说，也可以在一定的时长内考察督导者的服务进而作出是否替换的决定。

督导时间，主要是对总的督导时间以及相应频率、次数的约定。在执行过程中，督导者与督导对象也可在既定的时间框架内，根据服务的需要对频率与次数进行调整。例如，社工执行新的或较具有挑战性的服务时，督导的频率与次数可以适当增加；服务相对成熟时，督导的频率与次数可以维持在常规水平。

督导职责与内容，主要是督导者对机构、对上级督导者以及一线社工等在督导周期内应承担的职责与内容的陈述。

权利义务，主要包括协议各方就权利和义务的约定，主要涵盖督导记录、工作评价、督导终止等。

绩效评估，是对督导工作的评估，不仅评估督导次数是否达到要求，也评估督导的内容是否符合督导对象的需求，是否达成督导的目标等。

违约责任，主要体现双方因主客观原因未达成督导协议的内容应如何处理。

二、督导协议的签订

督导协议一般是在督导服务开始前签订。

三、督导协议的签订方

督导协议的签订主体一方为督导服务购买方，主要是社工站所在的镇街、社会工作机构或县（市、区）民政局；而另一方为督导服务的提供方，主要是社会工作机构或行业协会等。此外，行业协会也有可能作为服务的第三方出现。

案例分享

××市乡镇（街道）社工站市级指导服务平台
建设项目督导聘请协议书（范本）

甲方：

乙方：督导者××

甲、乙双方在平等、自愿、公平和诚实信用的基础上协商，就甲方聘请乙方为××市乡镇（街道）社工站市级指导服务平台建设项目督导事宜，签订本协议如下：

一、服务内容及责任

1. 督导工作内容及责任：

一是社会工作督导者负责督导××市乡镇（街道）社工站（含区县社工总站）的工作；不定期参与××市乡镇（街道）社工站市级指导服务平台工作会议，加强沟通。

二是与社工站、社工站承接机构及所督导县（市、区）民政部门、社工站落地乡镇（街道）建立良好工作关系，协助制订区域内社工站发展规划及提炼工作经验。

三是在督导过程中传授有关社会工作管理理念、模式、工作程序、服务标准等知识；协助督导对象把社会工作理论运用于工作中，发展本土化服务；协助督导对象掌握更新的社会工作理论及技巧，发展社会工作专业工作能力；建议或提供相关的书籍、文献、信息给督导对象；协助所督导的社工站拟订工作计划、推进有关专业工作并评估其成效。

四是关注督导项目及机构运营，重视提升所督导社工站承接机构的项目管理能力、机构运营能力。

2. 督导方法：乙方负责1~2个县（市、区）社工站项目，定期进行个别或小组督导会面，参与现场实务观察与评估总结，审阅、批复一线社工服务情况，并按时完成督导记录。

督导者根据各站点的实际情况，灵活安排督导方式，可通过电话、网络、实地督导等方式开展，全年实地督导次数不得低于 6 次，累计实地督导时数不得低于 36 小时。

3. 乙方应按甲方要求，做好督导工作时数记录，每月 5 日前递交上月的工作记录，督导记录及工作佐证资料统一发送至电子邮箱；乙方每季度提供督导工作情况的数据，以协助甲方提交季度书面督导报告。

二、服务对象及时间

1. 接受督导的服务对象为乡镇（街道）社工站（含社工总站）驻站社工、社工站承接机构相关人员，督导区域由双方协商分配安排。

2. 乙方在合同期内要为所督导区县（市）提供不少于 6 次的现场督导服务，原则上每次不低于 6 小时/天（不含交通往返时间），全年实地督导时数不低于 36 小时。每次督导时间自到达督导地点算起，督导时间和地点安排由乙方与所督导站点根据实际情况协定，并做好督导记录。如遇特殊情况需变更工作区域，乙方须按甲方安排调整至其他区域开展督导工作。

三、协议期限

1. 协议服务期限为一年，本协议有效期限从_____年____月至_____年____月。

2. 自本协议签订之日起乙方开始督导服务。

四、费用方式

甲方自收到乙方提供的上月督导时数记录后，于 5 个工作日内核算督导费用并通知督导者开具督导劳务发票。

实地督导补贴标准为_____元/次。

线上督导补贴标准为_____元/小时，需提供完整的线上督导佐证资料。全年线上督导时数不得多于实地督导时数。

交通补贴标准：略。

如遇特殊情况确需住宿的，根据住宿发票实报实销。

各项费用在甲方每月收到督导劳务发票后 5 个工作日内发放。以上补贴标准均为含税价格。

五、甲乙双方的权利和义务

（一）甲方的权利和义务

1. 甲方负责拟定需要社会工作督导人数及收集需要督导项目的基本情况，与乙方协调具体分配工作。

2. 甲方负责协助乙方开展督导工作，足额发放督导补贴。

3. 甲方在乙方督导工作中有监督权，在协议中途甲方如对乙方的个别督导工作不满意可以要求改善。

4. 甲方尊重督导专业性，需就乙方提出的建议给予回应。

5. 甲方在以下情况下，可要求解除或更改督导合约：

（1）乙方未能按规定提供督导服务，督导工作进度严重落后；

（2）乙方的督导价值观、督导能力未能达到甲方要求。

（二）乙方的权利和义务

1. 乙方须了解督导服务的内容及要求，了解国家、省、市对社工站建设的政策规划，认识××市社会服务的发展情况，并对国家一些相关的法律法规有基本认识。

2. 乙方合理安排督导进度，须按时、按质、按量完成社工站督导工作，若督导次数不足，需按甲方要求补足工作时数；若提前三个月以上完成督导时数要求，将视情况决定是否提前终止本协议。

3. 乙方在以下情况下，可解除或更改督导合约，或更改督导对象：

（1）督导对象不配合督导工作；

（2）被督导社工站及所属承接机构无法开展专业工作；

（3）甲方未按约定支付督导费用。

六、绩效评估

甲方对乙方工作定期开展绩效评估。重点考察督导次数、时数是否达标，督导对象的满意度、社工站购买方和合作方等相关主体的反馈情况等。对督导次数和时数不达标、督导满意度低、相关方反馈督导成效不佳的情形，责令在三个月内进行整改。对整改不到位的，取消下一年度督导资格。

七、协议解除

乙方有下列情形之一的，甲方可以解除本协议：

(1) 乙方完全或者部分丧失民事行为能力的；

(2) 乙方不能按甲方要求完成工作任务或损害甲方利益的；

(3) 甲方根据自身需要或者有其他正当理由的；

(4) 严重违反甲方规章制度和行业公约的；

(5) 被依法追究刑事责任的；

(6) 其他致使协议无法履行的。

八、违约责任

1. 甲方无故拖欠乙方督导费用的，应按每日千分之一的标准向乙方支付拖欠部分的违约金，甲方连续拖欠督导费用达三个月以上，乙方有权解除本协议，并依法追回欠款和违约金。

2. 甲乙任何一方违反本协议泄露对方工作秘密的，应当立即终止泄密行为，并赔偿对方由此产生的经济损失。

不论本协议是否变更、解除或者终止，本协议保密条款不受其限制而继续有效，各方均应继续承担约定的保密义务。

九、其他

1. 因本协议发生的任何争议，双方应协商解决；协商不成的可向甲方所在地人民法院提起诉讼。

2. 本协议一式两份，甲乙双方各执一份，自签订之日起生效，均具有同等法律效力。

3. 本协议中未尽事宜，经双方协商可签订补充协议。

第 4 章

督导工作第二步：制订方案

　　督导方案是社工站督导实施的完整计划，是社工站督导进入实施阶段时必备的文件。方案应综合社工站建设方的设想、社工站运营方的需求、社工站落地方的工作、服务购买方的目标、督导者自身的资源等要素。督导方案主要包括督导目标、督导形式、督导期限、督导步骤等。每个督导方案的具体内容有所区别，但其一般原则和基本程序是一致的。

　　签订督导协议后，就进入了督导方案的制订环节。督导方案的优劣，决定了督导是否能够发挥实效。本章从督导方案的内容、督导方案如何制订、督导方案的完善三个方面介绍督导方案制订过程。

知识链接 ....

督导方案的三项功能

　　一是有助于督导者积累督导经验。许多督导者对社工站督导并不十分了解，即便从事过相关工作，也需要在学习和实践的过程中进一步积累督导经验。

　　二是有助于规范督导行为，避免随意化。有的督导者与督导对象相互之间比较了解，甚至有的是内部人士担任督导者，这就可能会令督导过程随意化，或因碍于情面而令督导流于形式。督导是专业活动，应当具有规范性。

　　三是有助于监督、检查、考核。督导工作也要被监督、检查、考核，督导方案及其实施就成了很好的佐证。与此同时，督导工作的改进也是以督导方案为基础进行的。

第一节　督导方案的内容

　　社工站督导不仅需要有明确的工作目标，还需要有清晰的服务过程。按照社会工作通用过程模式，督导也具备生命周期，有起始（接手项目、开展预估、制订方案）、有发展（着手督导、修订方案、持续推进）、有高潮（回顾工作、巩固改变、评估成效）、有结尾（结束关系、撰写记录、跟进服务），整个督导过程阶段明确、过程清晰，每个阶段的任务、目标、方法、技巧等科学有效。而督导生命周期的规划，一般需要从督导方案中得以体现。

　　一般而言，督导方案主要包括明确的目标设定、合理的时间频次安排、恰当的督导内容和督导方式等内容。

知识链接

社工站督导方案的组成部分

　　1. 社工站的基本情况、特点及需求，为什么要开展督导、如何开展督导等背景要素。

　　2. 督导工作目标，指督导周期内所要完成的任务及达成的目标。

　　3. 督导方法，指督导者在督导过程中所使用的方法和采取的形式。

　　4. 督导内容，围绕督导目标设定的督导策略和工作内容，一般包括内容议题、资源投入等。

　　5. 进度安排与计划，包括督导步骤以及时间分配。

　　6. 监测与评估，即评估督导对象是否已经获得提升，社工站是否因督导工作有所进步，一般为评估督导目标的达成提供评估方法和依据。

　　如果是针对个人督导的方案，则应包含个人优势、成长需求、成长目标、实施方法与计划、监测及评估等。

一、目标设定

督导目标是督导者和督导对象双方共同追求的目标，对于督导者来说是督导目标，对于督导对象来说是督导活动最终使其产生的行为变化。

（一）制定目标的意义

1. 促进督导者和督导对象投入行动

制定目标的意义在于促进督导者和督导对象投入行动，朝共同的方向努力，以获得改变和成长。对于督导对象来说，目标能够使他们明确行动的方向、振奋精神，督促他们坚持不懈地努力实现目标。

2. 促进督导对象成长

社工站督导的最直接的督导对象是社工站的运营团队及社工，目标通常设定为督促、训练和指导督导对象充分认识专业角色，内化专业价值和伦理，提升专业意识和责任，总结专业服务经验和教训，发展专业能力。

3. 提供成效评估指标

督导目标还能够作为评估介入工作进度和成效的指标，帮助督导者和督导对象不断在工作过程中总结经验，推进工作。

4. 保证专业服务品质

督导的目标之一是确保督导对象运用恰当的理论、方法和技巧提供服务，保证服务专业性，提升服务品质。

5. 实现社工站服务承诺

社会工作是使命和价值观驱动的专业和行业，督导有一个很重要的目标，是促进督导对象认同社工站的使命和服务目标，完善所在组织的服务管理，保障专业服务的执行，实现社工站的服务承诺。

（二）制定目标的要求

督导目标有五个特点：简单易懂、可以衡量、力所能及、符合利益相关方的期望、有始有终。也就是我们常说的目标需要符合 SMART 原则。

SMART 原则

S 代表具体（Specific），即对细节作出描述，表示目标制订或者说绩效考核标准一定要是具体的，让人知道应该怎么做。

M 代表可度量（Measurable），指目标或者指标要能够测量，能够给出明确判断。

A 代表可实现（Attainable），指的是目标不能定得太高，也不能太低。如果太高容易打击积极性，如果太低又没有挑战性，最好是努力一下能够达到的。

R 代表现实性（Realistic），实实在在的，可以证明和观察；指的是目标与目标之间要有一定的关联性，整体上都是为大目标或者大方向服务。

T 代表有时限（Time-based），也就是截止日期。对于一个目标而言，如果没有截止期限，那么就基本等同于无效，这也是工作最大的敌人——拖延。

（三）设定督导目标的程序

1. 确定需要和问题

制订督导方案时，督导者要与督导对象再次确认双方对问题和需要的理解与认识，以便所制定的目标是督导对象认可并已准备好与督导者一起积极努力提升的方向。所以，这一步的工作是一个不断深化问题以使计划有的放矢、增加督导对象行动决心的过程。

2. 解释设定目标的目的

督导者要向督导对象解释设定目标的意义，可以采用下列表达方式："我们一起来讨论一下，看看什么是你觉得最重要的目标，我们应该怎样具体行动一步步达到这个目标，你看怎么样？"

3. 共同选择适当的目标

目标选择包括两个步骤：一是筛选目标。这步工作是指督导者与督导对象一同找出期望达到的目标并对各个目标进行讨论，以选择和决定具体的目标。督导者可以与督导对象一起将所有可能的目标写出来，然后逐个筛选。可以给每个特定的目标打分，经过比较挑选出督导对象最希望和最迫切的改变目标。二是定义目标。在目标筛选出来后将目标界定清楚，以具体、可操作的指标定义目标，以利于目标的执行。

4. 确定目标并决定目标的先后次序

在设定督导目标的过程中，应避免由督导者包办督导对象自己应承担的工作，即需要让督导对象一同参与讨论。

案例分享 ....

A 社工站督导的几个基础目标

在设置督导目标时，督导者应重点关注以下四个方面。

一是厘清期待，确保社工站正常运营。当前 A 社工站存在以下几个基础性的问题：（1）县民政部门、乡镇、承接机构和驻站社工对社工站在购买方式、经费保障、运营方式、人员管理、服务成效考核、职责分工等方面存在不同理解或者分歧。（2）A 社工站的服务内容和性质、社工站及驻站社工的定位与角色以及社工站服务的边界等问题不够明确和清晰。（3）承接机构和驻站社工由于服务经验不足，在专业性和规范性等方面存在短板。因此，督导目标一是发挥行政功能和作用，协助县民政部门、乡镇、承接机构做好服务规划、厘清期待、明确权责、建立协作制度，确保社工站能够正常运营。

二是补齐短板，提升社工站专业化水平。从 A 社工站的定位和服务要求来看，对驻站社工的能力和专业要求较高，当前主要有两个短板：（1）专业水平与需求不匹配。（2）与政府合作的经验和能力不足。因此，督导的第二个目标是提供定期的督导、培训等，丰富驻站社工的理论知识，提高专业技能，逐步提升社工站服务专业化水平。

三是给予关怀，做好社工站建设的人力保障。A 社工站驻站人员的情绪困扰可能来源于以下几个方面：（1）自身知识、能力与现实工作的不匹配。（2）薪资待遇、行政工作等带来的压力。（3）多而广的服务内容带来的职业倦怠。A社工站的服务内容几乎涵盖了基层民政服务的所有领域。驻站社工在面对如此众多的服务内容和服务领域时产生困扰和感受到巨大的压力，进而产生职业倦怠。因此，第三个督导目标是关注承接机构的压力和驻站社工的情绪与困扰，为驻站社工提供心理支持、情感慰藉、情绪释放和压力缓解、潜能挖掘，营造良好的职业氛围，做好社工站建设的人力保障。

四是保障成效，体现社工站服务能力。A社工站的服务需要在服务对象、社会、专业三方面取得成效。对服务对象而言，需要让服务对象知道介入工作取得的进展，需求是否得到满足，介入策略是否合适，目标是否已经实现；对社会而言，需要体现在多大程度上实现了专业目标和其他的社会功能，说明社会资源的使用情况和效益，接受公众的监督；对专业而言，需要体现社会工作的介入是否恰当，并识别出对服务对象的影响，找出需要改进的地方，提升后续专业实践的服务质量。

案例中所选取的是督导的目标方向，将目标方向确定成为符合 SMART 原则的具体目标，还需要深入探讨。但以上四个目标方向，对其他社工站，特别是初建期的社工站的督导，具有较强的指导价值。

二、时间安排

督导的频次在督导者与督导对象的关系中具有特别的意义。

第一，时间设置使督导者与督导对象都保持一种现实感。不管督导双方之间产生了何种移情关系，时间设置都有助于使督导者与督导对象把强烈的移情关系限制在一种有节制的工作关系当中。另外，时间的限制也模拟了一种分离，一种短暂的分离，使求助者慢慢学习独立。

第二，稳定的时间设置可使督导对象产生安全感。督导对象通过知道自己在特定的某个时间内肯定可以见到督导者，建立起外部世界是可以预测和理解的认识，这种安全感对于建立和保持良好督导关系以及保证督导工作顺利进行有重要影响。

第三，时间设置为督导者提供了一种保护。这一设置能使督导对象认识到他们不能随时依赖督导者，使督导对象能够珍惜并有效利用时间；也使督导者与督导对象保持一个清楚的界限，保证自己正常的生活秩序不被干扰。

第四，时间设置为理解督导对象的成长提供了研究框架。由于督导的地点、人物是相对稳定的，督导者可以通过观察督导对象的态度、表现，如提前、迟到、先准时后迟到等情况，了解督导对象的处事模式与情感反应，并能将这些现象的意义揭示给督导对象，使他们更深入地认识自己的潜意识。

社工站督导者所需要进行的时间设置，涉及这样几个方面：每次督导的时长、督导的频率、督导全过程的时间长度等。时间设置通常采用下面三种方式。

（一）按协议约定

一般而言，督导协议对督导的时限、次数及每次现场督导的时长有相应的约束，以此来衡量督导时间的投入。因而，在考虑督导频率和时长时，督导者首先要以督导协议约定的时间投入为基础。有的督导协议没有具体说明，而是遵照当地的督导管理办法，那么，制订督导方案前，则要仔细研读当地的督导管理办法，以确保时间和频率的安排符合规定要求。

（二）按实际需求

督导的频率和长度也要根据督导对象的需求和情况来确定。通常对于新入职的社工，督导的频率要高一些，而对于一些有一定经验的社会工作者，督导的频率可以低一些，时间也可以缩短一点。当然，督导的频率和时间长度，应围绕督导目标设定。如果目标层次较深，达成目标所需要的时间投入较长，则适当增加时间投入；如果目标层次较浅，比较容易达成，则投入的时间可以减少，频次可以降低。

（三）固定频率

督导频率的设置一般都是每个月 1~2 次，高频是每个月 3 次以上。督导者设置固定见面的频率可以增进督导对象内在的安全感和确定感。当社工知道督导者每月都在社工站的会议室等自己，便会感到很安全、很确定。督导者不在的时间里，社工体验到一些没有指导和支持带来的焦虑和急迫，然后会意识到需要去发展耐受这种焦虑和急迫的能力。所以，固定督导频率对于发展社工的自我功能是非常重要的。

案例分享 ·································

小赵是 Z 社工站的一线社工，她很疑惑，每月一次的督导，为什么要精确到某月某日的几点钟？只要保证每月一次不就可以了吗？

解析：小赵希望在督导中由她来控制具体见面的时间。如此，她的督导者就需要为她准备好几个时段，才有机会每月见到小赵。同样地，如果是一个督导者对督导对象说，"我不能确定我接下来的安排，我每周临时通知你"，那么督导者就站在了督导关系主动控制的位置上。

督导时间设置，实际上是希望由双方协商确立时间和地点，避免影响督导关系。

稳定的频次可以增强督导关系里的安全感、确定感。这种感觉，也会同步地迁移到现实的关系和生活里，社工的抗挫能力和耐受焦虑的能力也会提高。因为在督导间隔期间，只要社工是没有危机的，督导者一般都会控制见面安排。社工的独立性会增强，逐渐地能发展出更好的现实自我。

"没有恰当的受挫就没有成长"，所以督导频率的设置以稳定为宜，具体到星期几、几点钟，然后稳定地见面。

（四）每次督导的时长

督导的面谈时间一般以每次 1~2 小时为宜。这是因为，督导双方都能全神贯注而不感到疲劳的限度一般在 1 小时左右。实践中，从整点时间开始督导便于记忆和安排。

当然，完成不同督导目标所需时长会有差异：通常，提供情绪支持的督导，时间可设定为 1.5 小时；而团体督导，一般多为 90~120 分钟。每次督导的时间不宜过长，从实践情况来看，每月 2 次、每次 60 分钟比每月 1 次、每次 120 分钟的督导效果要好。

（五）全周期督导的频次

全周期督导指从第一次督导直到督导目标的实现，贯穿整个督导过程。其长短取决于督导对象的需求、督导协议的约定、督导目标及所用方法，短到一次 60 分钟的督导，长则可能数年。实践中，一般的社工站督导计划都是以一年为期的，这既契合社工站的运营周期（社工站工作的开端和收尾的工作周期），且以一年为限，能够保障达到适时的目标。

全周期过程中，在不同的督导阶段，时长和频率也可灵活调整。比如初期阶段，主要任务是了解督导对象的情况、服务站点的历史脉络，建立良好的督导关系，60 分钟就显得不够。有的督导者会针对这一特殊阶段做特殊设置，比如延长时间、增加频率等，以利于尽快了解、建立良好督导关系。在督导的终结阶段，督导对象越来越独立，则可以逐步减少督导频率，比如从每月 2 次到每月 1 次，直到最后结束。

三、内容规划

考虑到社工站设立的特殊性、需求来源的外部性和运营的周期性，社工站督导的内容规划，可按照站点运营导向、内部需求导向、不同发展阶段导向来进行划分。具体宜根据督导目标合理安排。

（一）以运营为导向的督导内容

因政府购买服务是社工站业务的主要来源，所以，督导的主要工作范围和任务以站点运营为导向，督导的内容规划一般是围绕项目督导、社工发展督导和工作管理督导三个方面展开的。

1. 项目督导

首先，社工站自身就是一个项目；其次，在日常运营中，会衍生和发展一些特定的服务项目。因此，项目督导涉及项目规划与设计的指导、项目实施技术的指导、项目任务的分配、项目进度的监控、成效的评估等方面。目的是确保社工站运营顺畅，服务符合预期。

2. 社工发展督导

社会工作者的发展是督导的重要议题之一，内容包括社工的职业生涯规划、压力调节、技能提升和工作管理等。

3. 工作管理督导

包括行政任务的安排与完成、相关文件资料的批阅、社工站制度的落实、专业伦理的引导与处理等。目的是协调、平衡专业技术工作与事务性工作安排，进而保证社工站的服务品质、效率和效益。

案例分享 ··

S 社工站的督导内容清单

一是指导社工站完善制度体系。协助完善社工站的内部组织结构及岗位职责制度、员工管理制度、项目管理制度、财务管理制度和风险管理制度等体系，确保社工站规范运行。

二是指导完善社工站的服务项目设计。指导 S 社工站加强乡镇调研，在调研基础上根据当地社区状况和居民需求状况，聚焦特殊困难群众社会救助、老年人服务、困境儿童服务、妇女权益保护、退役军人服务、社区治理和乡村振兴等领域，有针对性地策划服务方案，打造群众认可、特色鲜明的社会工作服务品牌项目。

三是指导完善社会工作专业服务流程。指导 S 社工站完善个案工作、小组工作、社区工作等专业服务的流程及相应档案管理，完善志愿者及活动管理、社区社会组织培育的流程及相应档案管理，规范社会工作服务流程，提高社工站专业服务质量。

四是指导完善社会工作服务绩效评估机制。协助社工站建立绩效评估机制，根据服务项目特点设置合理的绩效指标，并定期督查指标的完成情况，引导社会工作者向专业目标方向努力。

五是协助完善社工站的人才队伍建设。从岗位适应性、职业生涯规划等方面给予引导和心理支持，稳定社工队伍；在行政事务处理能力、沟通协调能力、文案写作能力等方面予以指导，提高社工的工作效率，提升自我效能感；从专业知识拓展、专业方法示范、专业服务释疑等方面提升社工的专业服务能力，促进社会工作者的专业成长。

（二）以需求为导向的督导内容

在上一章我们讲到，识别督导对象的需求主要从行政指导、专业提升、情感支持三个维度来进行。下面，我们以需求为导向，从行政性、教育性、支持性三个层面规划社工站督导的内容。

1. 行政性督导内容

行政性督导属于管理范围，要求督导者在督导对象的招募与选择、引导与安置、工作目标和计划制订、工作分配执行、工作监督、回顾与评估、工作授权与协调等方面担负指导责任。主要包括但不局限于以下内容（见表4-1）。

表4-1　社工站行政性督导内容

职责任务	具体内容
社工的招募和选择，组建社工站团队	熟悉招聘、晋升流程； 指导岗位需求，甄别适合的社工； 完善岗位说明书，提供专业建议； 督促岗位职责的最终落实
引导新社工适应岗位、融入团队	引导新社工了解组织、融入机构； 启发引导新社工； 营造轻松愉快的团队氛围
计划和分配工作，授权和协调社工完成相应任务	考虑战略、目标、资金、技术、人力和资源； 推动社工站战略到服务策略的转化； 确定长期和短期计划； 确保项目进度
定期服务跟进与监控	时刻关注授权的尺度； 作为部门之间、社工之间沟通的桥梁，多渠道有效地沟通； 及时发现纠正社工的不良行为； 监察社工服务是否达到合格的要求，包括口头汇报、阅读工作记录、现场勘察
做好社工站相关方（购买方、落地方、运营方等）的沟通协调，为社工站工作开展争取更大支持	上传下达； 将问题转化为策略，并向管理层提出； 提升社工的专业化水平； 维护社工站的稳定； 适时修订社工站的制度； 促进社工站改革发展

2. 教育性督导内容

社工站督导的教育性功能要求督导者不仅要提供督导对象完成工作所需的知识，还要协助社会工作者由"知"到"做"，发挥知识、能力、学习与自我觉醒反馈的效能。主要包括但不局限于以下诸多内容：

（1）指导社工学习社会工作价值观、原则、职业伦理等内容；

（2）指导社工学习社会工作专业理论知识及实务技巧，包括三大工作方法、具体理论模式及技巧、具体服务人群（领域）专业知识等；

（3）专业文书与服务案例撰写，提高社工撰写文书的规范性、专业性；

（4）项目规划与管理；

（5）传授有关社工站服务对象，如兜底对象、社区社会组织的特殊知识；

（6）传授有关社会问题的知识；

（7）提供专业性咨询和建议；

（8）提供实务工作需要的有关指导和帮助：资源链接、需求调研、年度计划制订、新闻稿撰写、利益相关方关系处理、成果手册制作、成效报告等；

（9）提供相关技能素养方面的指导：时间管理技巧、沟通技巧、价值伦理抉择能力等。

3. 支持性督导内容

支持性督导是对督导对象的情感支持，培养有利于优化工作表现的态度和情感，维持并提升士气，让督导对象觉察到专业上的自我价值，以及对服务机构和专业产生归属感，使督导对象更好发挥能力处理工作。主要包括但不局限于以下内容：

（1）疏导情绪：协助督导对象适应和处理服务过程中感到的挫折、不满、失望、焦虑等各种情绪，增强督导对象的自我功能。

（2）给予关怀：通过给予关怀与支持，让督导对象在工作过程中有安全感，并愿意尝试新工作。

（3）发现成效：协助督导对象发现工作成效，并能自我欣赏，激发督导对象的工作情绪和士气，并逐渐对机构产生认同感和归属感。

（4）寻求满足：给予督导对象从事专业的满足感和价值感，促进其对专业的认同，进而愿意持续投身于社会服务工作。

（三）以不同发展阶段为导向的督导内容

1. 项目初始阶段

（1）建立关系：督促社工站与政府部门、相关方加强沟通联系、建立服务汇报机制，如创建微信群，用于日常活动动态发布。

（2）分解项目：与社工站成员就项目书内容进行分解，明确项目服务任务、目标和各岗位职责，撰写执行计划。

（3）需求调研：指导社工站成员进行社区探访，掌握社区人员构成。可根据服务人群选择问卷、访谈、座谈会等方式开展深入的调研。提醒社工站成员在调研过程中还应收集社区现有场所、社会组织、附近商家等可利用的资源。

2. 项目开始阶段

（1）大型活动设计和宣传：在服务前期，社工站需要开展一些大型活动去宣传社会工作服务和项目，提高居民参与度。在这个阶段，督导者要指导社工站成员去学习如何设计大型活动、确定宣传方式，需要注意哪些事项。

（2）沟通技巧培训：社工站成员在这个阶段与服务对象还不熟悉，免不了要做多次家访，为避免沟通不畅的情况，应就如何实现有效沟通进行培训。

（3）挖掘社区资源：指导社工站制作资源清单表，从人力（居民领袖、热心居民、有特长的居民、志愿者等）、物力（室内外场地、可借用的活动设备、器材等）、财力（周边爱心商家）、组织（社区已有的互助团队）、文化（社区的文化活动）入手，找到各项资源的对接人。

3. 项目中期阶段

（1）检查项目进度：对照项目书检查项目进度是否有偏差。指导社工站进行前期活动总结，从中找出优势和缺点，及时更正。

（2）中期总结：指导撰写中期报告，检查项目进度。

（3）适当开展研究：通过前期服务积累的一手数据，指导社工站合理运用相关理论分析服务成效，并将研究结论融入后期服务，以便在结项时对好的服务模式进行科学的总结和提炼，形成"专业服务+研究报告+典型案例"的成果展示。

4. 项目后期阶段

（1）撰写典型案例：指导社工站成员分别就个案、小组、社区或常规服务板块撰写典型案例。

（2）指导成效总结：指导社工站成员学习项目服务成效设计与管理，明确服务成效是什么，怎么去体现和管理。

5. 项目评估阶段

（1）指导开展项目服务满意度问卷调查：指导社工站根据前期开展的项目服务制作满意度问卷，回访参与过的服务对象，撰写自评报告。

（2）准备结项材料：根据评分标准指导做好结项材料归档，查缺补漏，撰写总结报告，制作项目汇报PPT，并进行演练。

（3）项目研究报告：利用一手服务数据和前期研究情况，指导社工站成员撰写项目研究报告。

（四）社工站督导应该重视的督导内容

社工站与社会工作机构，无论是在建成方式、运作特点还是运作模式等方面，都有着较为明显的区别。因此，社工站督导的内容要求与社会工作机构督导不同。作为社工站督导，除了传统的督导内容，还应关注以下几方面。

一是在熟悉社工站所在区域基本情况的基础上，有针对性地指导社工站人员结合当地实际情况开展服务，将专业性与本土性更好地结合起来，增强服务的有效性；将社工站的工作目标与属地基层党委、政府的工作目标有机结合起来，通过社工站自身工作目标的实现更好地服务于当地基层党委、政府的工作目标。

二是熟悉基层党委、政府的工作方式和特点，以及社工站属地基层党委、政府情况，更好地指导社工站人员在服务开展过程中与基层党委、政府工作人员建立良好关系，争取基层党委、政府的支持；并与基层其他相关单位建立起更为稳定、紧密的关系，为乡镇（街道）发掘、链接更多的志愿服务和公益慈善等资源，更好发挥自身功能和作用。

三是督导社工站树立基层社会治理体系意识、集成意识，积累良好的人际交往沟通、组织间的协调联动经验，指导社工站人员增强发现资源、发掘资源、链接资源、运用资源，为服务对象构建综合性的社会支持网络的能力。

四是指导社工站开展团建、个体辅导在内的多种形式的心理建设活动，为社工站人员的情绪释放和压力缓解及时提供有效的心理支持和必要的帮助。

五是指导社工站与乡镇（街道）未成年人保护工作站、乡镇（街道）养老服务中心、乡村振兴工作队、街道文化站、乡镇综合文化站等形成协同，共同推动当地基层社会治理的系统化、体系化建设。

知识链接

单次督导流程

1. 说明本次督导安排，包括主要环节及议题、时间安排等；

2. 了解近期工作情况，跟进上次督导后工作进展、布置的"作业"完成情况及问题解决情况；

3. 围绕议题开展督导，并就督导过程中提出的新议题予以讨论和回应；

4. 带领社工进行总结，回顾本次督导内容，巩固督导效果；

5. 明确下一步工作任务及可采取的行动策略。

四、督导方式

督导方式按照督导双方人数和身份一般分为个别督导、团体督导、同辈督导三种。每种方式都可以采用双方接受的形式。案例分享、现场示范、焦点小组、专题培训、工作坊（沙龙）、外出参观访学是督导中常用的形式。此外，随着网络技术的进步，网络交流越发方便和普遍，线上督导也多被提及。具体采取哪种方式和形式，要具体视督导目标、督导对象情况及督导本人自身擅长技巧和掌握的资源来定。

如何选择最合适的督导方式？可以参考以下几点：

首先，根据对督导目标的整体把控来选择合适的督导方式。

其次，督导方式的选择需要考虑督导的内容特点，同时也需要考虑督导者自身的风格与特点，不能追求新颖而舍本逐末。比如，针对私密性较强的话题，宜采用个别督导模式；针对同行需求，宜采用小组或同辈督导模式。

最后，督导时间和效率也应充分考虑。好的督导方法会使得效果事半功倍，比如疫情防控期间因为线下的个别督导、小组督导存在困难，线上督导更为合适。

表 4-2 为各种督导方式的优缺点和应用场景。

表 4-2　各种督导方式的优缺点和应用场景

督导形式	优点	缺点	应用场景
个别督导	能够比较细致地了解督导对象的情况，在不受干扰的情况下介入，隐秘性高，能够充分示范	受督导技能的影响较大，包括单一技术不足以解决问题，容易形成共谋关系等	一对一，面对面，可定期或不定期，如社工站社工在开展老年人服务中遇到移情和反移情的状况时
小组督导	大量的信息传递和不同观点的碰撞，有助于聆听，分享和学习经验，同时节省时间、经费和人力	隐秘性不佳，容易忽视个体的问题，容易产生冲突而没有结论	一对多，如针对社工站在开展走访服务中遇到的瓶颈问题，由小组中的一人或两人提供书面或口头记录或讨论要领，督导者和小组成员详尽阅读或听取有关信息，并根据掌握的情况寻找解决问题的有效途径

续表

督导形式	优点	缺点	应用场景
同辈督导	资源投入少，缺少权威，利于知识共享，有一定经验之后更加适用	成员没有权利与义务约束，无须对结果负责，存在经验和技术不足的可能	相同需求、层次的人，进行个别或团体互动。如各个社工站社工之间进行同辈督导
团队服务传送	督导内容与实际工作任务相结合，实操性强	容易为督导对象所左右而忽略了社工站成员的主体责任	督导者担任工作团队的领导者，并把分派工作、监察表现、专业发展的责任给予成员分担。督导者与督导对象组成工作团队，共同决策
线上远程督导	省时省力，安排较为灵活	传递的表情、动作等信息量少，督导效果可能会大打折扣	利用视频、电话、电子邮件等现代通信方式，对社工进行督导。如疫情防控期间利用钉钉或腾讯会议开展督导；督导者通过电子邮件每周审阅、批复社工站的工作周记
工作坊（沙龙）	促进督导对象对相关知识和经验进行探索、构建	结果具有不确定性，在方向的引导方面对督导者的要求高	不给出答案，而是引导督导对象探索和发掘经验，如社工站某些服务经验的总结
参访学习	能够比较直观地看到对方的做法和成果，能够快速吸收和借鉴经验	本土化结合、思考的过程缺乏，可能出现水土不服的情况	如组织社工站成员参观访问优秀社工站

第二节　督导方案如何制订

一般而言，社工站服务是通过政府购买社会工作服务项目的方式实施，购买主体多为区县民政部门，由能够提供专业社会工作服务的企业、社会组织等承接运营，乡镇人民政府（街道办事处）作为社工站项目落地方协同开展相关工作。

案例分享

某市社工站管理规定

社工站在区县民政部门的指导下，按合同约定开展项目服务，乡镇人民政府（街道办事处）要为社工站项目实施提供协助和支持；区县民政部门和乡镇人民政府（街道办事处）的相关科室要与社工站建立定期沟通协调机制，及时解决项目执行过程中遇到的问题。应由乡镇人民政府（街道办事处）工作人员承担的保密事项、行政行为、管理及服务等事项不得列入社工站服务内容。

督导方案制订前，要精准评估需求。社工站督导者面临的不单是社工站执行团队的需求，还应重点考虑其他利益相关方，如社工站运营方、社工站项目落地方、社工站项目购买方等的需求，制订切实可行的督导方案。

以下是考量社工站与利益相关方需求的几个重要方面。

一是增加社工站的透明度。通过利益相关方参与，社工站及督导者不仅可以获得所需信息，同时也能增强社工站的透明性，赢得利益相关方的信任，并且可以使社工站更好地面对外界环境的变化，以采取相应的战略使社工站不断成长。

二是提高社工站的服务绩效。利益相关方参与是一个社工站得以良好运作的重要因素，也是促进督导工作绩效的重要因素。正是采用多元的参与方式，社工站才能为自己的利益相关方负责，并鼓励他们为社会工作发展贡献力量。

三是有利于社工站创造新的价值。社工站与利益相关方之间的对话可以使社工站更加积极主动地了解利益相关方的期望和要求。督导者是间接完成这些期望和要求的重要力量，一方面有助于社工站制定前瞻性的战

略，发现新的机会，通过创新实现新的价值创造；另一方面，利益相关方
的参与反哺督导工作，有助于提高社工站的信誉，改善社工站的口碑，对
于社工站价值创造有着重要促进作用。

　　了解相关方诉求的方法和途径有很多，这里介绍几种常用的方法及其
适用场景（见表 4-3）。

表 4-3　了解利益相关方诉求的几种方法

方法	内容	适用场景
专家判断	基于某些学科和行业的专业知识而作出的关于当前活动的合理判断，这些专业知识可来自具有专业学历、知识、技能、经验或培训经历的任何小组和个人	可征求具备类似知识或经验的个人或小组的意见
头脑风暴	美国创造学家奥斯本提出的一种激发集体智慧、提出创新设想的思维方法，用来产生和收集更多创新想法、设计。在头脑风暴中，每个人都被鼓励发表己见，从而产生尽可能多的观点，即便有些想法可能不会被完全采纳	社工可以通过此方法，收集到比较多元化的需求
访谈	访谈是通过与相关方直接交谈来获取信息的正式或非正式的方法。访谈的典型做法是向被访者提出预设和即兴的问题，并记录他们的回答。访谈经常是一个访谈者和一个被访者之间的"一对一"谈话，但也可以包括多个访谈者或多个被访者	具有较好的灵活性和适应性，更多用于个性、个别化研究
焦点小组	是将许多对象放在一起同时进行的集体访问。这种访问过程，不仅是访问者与被访者的互动过程，还是被访者之间的互动过程	需要受过训练的社会工作人员引导参与者进行互动式讨论。焦点小组可以发挥团体动力，比"一对一"的访谈更热烈
问卷调查	是指设计一系列书面问题，向众多受访者快速收集信息	受众多样化，便于快速完成调查。受调查对象地理位置分散影响较少，并且适合开展统计分析，是定量研究的重要方法

方法	内容	适用场景
标杆对照	将实际过程和计划方案，与其他可比的实践进行比较，形成改进意见，实现优化完善	学习先进，从中获取区县民政部门，或是乡镇政府的需求与期待
引导	引导与主题会结合使用，把服务对象召集在一起定义需求。因为具有群体互动的特点，有效的引导有助于参与者之间建立信任、改进关系、改善沟通，从而有利于达成一致意见	适用于社工站内部成员就需求达成共识
亲和图	亲和图具有对大量创意进行分组的优点，便于进一步审查和分析	聚焦各方的诉求，或是聚焦某些个人较为分散的需求
思维导图	思维导图可以把从头脑风暴中获得的创意整合成一张图，用以反映创意之间的共性与差异	对于需求的逻辑层级分析具有价值

一、倾听社工站执行者的心声

评估督导对象的需求尤为重要。在督导初期，督导者应完成的工作主要包括：了解督导对象的相关资料，掌握督导对象的基本信息；了解督导对象的处境及其感受、困境或期望；了解督导对象的督导目标；确定督导的起始点；介绍督导者的职责、工作方法和目标；建立彼此信任的督导关系。

督导对象的相关信息应包括其家庭情况、教育背景、工作经验、接受督导和相关服务的情况等。

在制订督导方案阶段，督导者应倾听社工站执行者的心声，发掘其需求，主要有以下几个方面的工作。

一是建立良好关系。掌握需求是以建立良好关系为基础的，否则一些团队成员未必会向督导者表达自己的真实需求。

二是采用多种方法评估社工站成员对督导的需求。让社会工作者提出督导议题，这是一种最常规的评估社会工作督导需求的方法，但前提是督导者先与社会工作者确定工作内容和工作职责。除此之外，督导者还可以通过小组督导讨论或者个别督导来增加对社工站成员的了解，了解社工站成员彼此之间的评价以及团队成员的优缺点与发展期待，分析影响社工站成员执行服务的动力和阻力，包括社工站成员本身的能力、态度因素以及服务环境与机构的支持情况等。比如，社工站成员不敢开个案，那我们就需要分析这是因为服务经验和能力不足，还是因为存在畏惧心理等，进而有侧重地发挥督导的教育功能与支持功能。

三是充分准确地了解社工站成员目前所处的发展阶段，是刚入职的新手社会工作者，还是经验丰富的资深社会工作者，抑或是机构管理层。

四是了解所督导团队的特点。包括团队的经验与能力、氛围与凝聚力、服务情况、工作风格与配合方式、主管及各个成员的优势与不足等，从而发现督导团队的特点。

五是评估督导对象能力与工作要求之间的差距。督导者在开展工作前，需要先明确对社工站所提供服务的要求有哪些，再对社会工作者的个人能力水平进行评估，评估其日常表现和期待表现之间的差距，以确定社工的优缺点（发展需求），提出进一步发展的方向与方法。如社工站负责人的工作内容主要包括负责其所在社工站的正常运行，完成上级对社工站提出的目标、任务要求和交办的相关事宜；对社工站自身和工作人员进行管理；为社工站自身的建设、发展争取资源三个主要方面，那么我们需要评估督导对象自身的能力水平与这个定位之间的差距。

六是深入了解社工目前的工作重点、可能存在的难点等，准确预估督导对象的问题和需求。

七是让社工站执行者自己陈述或自我觉察。要成为一个好的倾听者，认真倾听社工站执行者的心声，哪怕这些内容与督导设定的议题没有太大关系，督导者都需要摘取信息，评估其背后想要表达的声音和需求是什么。当社工站执行者无话可说时，我们可以通过引导的方式促进其自我觉察，过程中要注意使社工站执行者作为陈述的主体。

案例分享 ....

　　老吴是某社工站的督导者，在与社工站成员建立专业关系之后，每次开展督导服务，先由社工站成员提出督导需求，然后老吴再根据需求作出回应。一次偶然机会，老吴听到社工站成员抱怨：不知道提什么需求，但又不得不提，于是为了配合督导，为了提需求而提需求；而督导者老吴也很无奈，不知道为何大家提出的需求如此应付、如此的"水"。

　　造成这种情况的原因：一是制式化的工作程序导致了督导工作日趋形式化，社工和督导者双方都是疲于完成督导任务；二是社工对督导价值的认识不够清晰，督导者也不能充分把握社工和项目实际情况；三是督导者对自己的定位不准确，工作目标性不强，把自己单纯地当成了问题解决者，认为帮助社工解决了当时的问题，督导目标就达成了，而没有较为系统的督导目标以及对所要达成的工作成效的预期。

　　所以，在开展督导工作时，督导者一定不要完全局限于"社工需求"。社工提的需求固然重要，但挖掘其潜在需求，也是督导的重点和难点。

二、了解社工站运营方的需求

　　社会工作机构是社工站服务运营方，按照项目合同的约定组建符合条件的社工团队，联合乡镇人民政府（街道办事处）开展需求调研，共同制定项目任务书，并严格按照项目任务书的内容开展服务。社工站按时向区县民政部门、乡镇人民政府（街道办事处）提交月度工作简报、中期工作报告和终期工作报告。

　　事实上，社工站运营方本身就具备对社工站的督导功能，比如 D 市对社工站运营方的表述是：承接方要通过聘请资深社会工作者，对驻站一线社工进行定期、持续的督导指导，传授专业服务知识和技术，提升其专业技能，确保社工站服务质量，促进社工成长。

　　社工站运营方对社工站服务及督导工作的开展具有决定性的影响。因此，无论是社会工作机构聘请的督导者，还是非运营方聘请的督导者，都需要了解社会工作机构的处境、状态、价值观与需求等。重点考量以下方面。

考量一，机构有维持社工站正常运营的需求。运营社工站，社会工作机构有生存需求、留住社工的需求等。这里的需求是全面、系统的，包括人员管理、关系管理、服务管理等。机构分为有运营项目经验的机构和没有运营项目经验的机构，有运营项目经验的机构又分为"综合型"社会工作机构和"专业型"社会工作机构。"综合型"社会工作机构涵盖社会工作服务的多个领域，比如青少年服务、长者服务、家庭服务、社区发展服务、精神康复服务等，多领域齐头并进，他们要追求规模效应，以跨领域合作为特色。"专业型"社会工作机构一般选择专注于某一个领域，深耕发展，比如有专注于长者服务的机构，有专注于青少年服务的机构，它们追求垂直领域的探索与实践，以服务专业化为特色。而社工站的运营，可能是全新的形态，这就考验运营机构有没有能力顺利运营社工站，或者机构的经验和专长能否转化为运营社工站的优势，这些问题是社会工作机构急于想寻求答案的。

考量二，机构的自我定位。机构在运营社工站时，自身处于什么样的定位，是作为其中一个项目运作类型、以社工站的运营标准为基础进行运营，还是与社工站共同成长，将社工站作为机构历练团队、积累管理经验的平台，机构的自我定位直接决定了对运营团队的需求、对督导的诉求方向。

考量三，机构价值观。多数机构的价值观可能是先能完成指标，然后再想办法做一点自己真正想做的事情。那些既能达标又能坚持自己理念的社会工作者是最有价值的了，而那些无法达标只谈理想的，或是一心就想完成指标但服务起来没有品质的，价值就有限了。

了解社工站运营方的需求，建议督导者直接与机构负责人会谈，与主管社工站运营项目的核心人员会谈，并且将相关的定位和诉求记录下来，双方进行确认。

三、关注社工站落地方的工作

乡镇（街道）作为社工站落地方，其职责主要是负责本辖区内社工站的规划布局、办公场所配置，为社工站配置必要的办公设施设备；配合区县民政部门制定服务项目、做好社工站项目监管评估；对社工站进行安全检查，协调乡镇（街道）有关部门与社工站的服务配合、转介等工作。

在社工站落地前，乡镇（街道）、村（居）委会和社会组织自身已形成一套比较完整的运行服务机制；社工站落地后，面临两大挑战。

一是对社工站自身定位及其与各主体间关系尚未形成清晰认识。与社区居委会、社会组织等主体的关系定位不清晰，导致社工站开展工作困难。

二是社工站亟须与各主体形成沟通协调机制。

准确把握社工站的职责边界，厘清社工站与落地方的关系，必须先关注社工站落地方的工作。

案例分享

X 镇民政办工作职责

1. 贯彻执行国家和省、市有关民政事业的法律法规、方针政策和工作部署；研究拟定本镇民政事业发展规划和年度工作计划，并组织实施、监督和检查。

2. 落实上级有关优抚对象优待抚恤的政策；负责本乡镇的"双拥"和农村义务兵家属优待金的发放工作。

3. 拟定镇防灾、减灾、救灾规划并组织实施；负责组织、协调本镇救灾工作；组织承办本辖区灾情核查、统计、评估、汇总、上报以及灾害信息发布工作；负责救灾款物管理、使用及监督工作；承办本镇生活类救灾物资储备工作；组织指导受灾群众开展生产自救。

4. 负责城乡最低生活保障制度的落实及城乡医疗救助政策实施工作；详细了解掌握特困群体家庭和救助对象的基本情况并及时给予生活救济救助，负责农村敬老院建设管理和特困人员供养管理工作。

5. 贯彻落实殡葬管理法律、法规和政策，推动殡葬改革落实。

6. 搞好地名管理，及时调解边界纠纷。

7. 贯彻落实老年人权益保障法，做好 60 岁以上老年人《老年证》的办理工作，做好 80 岁以上高龄老人生活补助申报和发放工作。

Y 村村民委员会工作职责

1. 编制并实施本村经济和发展规划及年度计划，管理村级财务。

2. 支持和帮助农村合作经济组织依法独立进行经济活动，保障集体经济组织和村民承包经营的合法权益。

3. 按照规划搞好乡村建设，改善村容村貌，搞好公共卫生，改善居住环境，提高村民健康水平。

4. 促进村民团结和家庭和睦，照顾低保户和特困户，依法调解民间纠纷，维护社会治安和生活秩序。

5. 宣传贯彻法律、法规和国家政策，教育和推动村民履行纳税、服兵役等依法应尽的义务，执行计划生育的基本国策。

6. 办好社会公益事业和福利事业。

7. 召集村民会议和村民代表会议，并报告工作；执行村民会议和村民代表会议的决定。

8. 协助镇人民政府开展工作；向镇人民政府反映村民的意见、要求，提出建议，维护村民的合法权益和利益。

以上列举的是一般情况，具体到实际工作中，督导者还需要充分考虑相关部门的科室分布、责任分工、重点难点工作等。

乡镇政府作为主管单位，其主导地位与资源优势使其对社工站有强大的吸附力。在制订督导方案时，需要考虑乡镇政府的具体工作，然后作出相应的工作安排，比如，社工站可参照政府的层级结构建立与之相协调的组织架构，以乡镇政府的工作为基础展开和深化社工站服务设计。督导者还需要从发展的视角，评估基层政府未来是否将深度参与社工站的人员管理、决策、日常工作等，以对社工站的长远发展进行谋划。

四、走访社工站项目购买方的目标

目前，区县民政部门通常是社工站项目购买方，负责本地社工站规划建设、日常运营、服务项目制定实施、经费核定、使用监管、检查评估等。区县财政部门负责拨付社工站项目资金，会同区县民政部门开展政府采购，做好社工站项目资金管理工作。

社工站项目购买方的目标，一般以方案的形式确定下来。比如，F 省乡镇（街道）社会工作服务站购买服务项目实施方案中对目标的阐述是："围绕改革创新基层社会治理，全面提升基层服务能力，构建以基层社工站为基础的社会工作服务体系，按照'一年覆盖、两年规范、三年提升'的工作思路，通过购买社会工作专业服务项目，稳步推进乡镇（街道）社工站建设，实现以规模化社工站夯实基层为民服务工作平台，以专业化、精细化社会工作服务提升民生服务效能，把基层社会工作服务平台打造成落实党和政府爱民惠民政策、落细民政基层服务的一线阵地。"

具体到区县民政部门，则对相应的目标会有其结合自身实际的解读和细化。督导者作为社工站专业权威的代表，走访项目购买方不但有助于达成共识，促进彼此之间的交流，而且能对项目购买方的期待和目标有一个更深的了解。

案例分享

E 社工站利益相关方诉求

利益相关方	工作职责及资源	关心的利益或问题	对社工站的态度	他们的期望	我们的期望	所需要信息及行动
县民政局	对服务运作和站点运营进行监督	服务模式是否能够逐渐完善和成熟	非常支持	希望能够逐渐将服务机制运作成熟	希望获得高度重视、大力支持	

续表

利益相关方	工作职责及资源	关心的利益或问题	对社工站的态度	他们的期望	我们的期望	所需要信息及行动
乡镇政府	负责社工站的指导和监督	乡镇民政工作的开展	非常支持	打造品牌服务，铺开社区服务	获得部分服务经费的资助和支持	街道志愿者
社区居委会	积极组织和发挥社区居委会的功能，协助社工站开展服务工作	社区居民是否能够真正地获得服务	非常支持	希望服务能够在社区服务中得到较好的反响	希望居委会能够支持服务运作，对服务领域和工作的开展进行相关配合和提供部分协助与支持	

F 社工站利益相关方具体执行策略分析表

利益相关方	对社工站期望	沟通机制	回应措施与成效
县民政局	社会效应达到预期；促进形成良好的社会公益氛围	专题汇报以及拜访；资助方代表的定期走访；政策方案的制订与发布	站点的年度评选会；站点的公众影响力
村委会	社工站能给居民提供多元化服务；社会效应达到社工站预期计划；促进良好的社区公益氛围	定期沟通交流，提交总结、报告等；机构管理层、社工站执行人员定期以座谈会、分享会等形式汇报有关工作进展情况	与村委会建立良好的汇报机制；社工站的服务成效；社工站的公众影响力；社工站的第三方评估

续表

利益相关方	对社工站期望	沟通机制	回应措施与成效
机构管理层	社工站取得良好的服务成效；社工站形成服务品牌；社工站能可持续地运作下去	月报与月例会；定期走访、参与社工站活动；社工站每月定期的总结与分享会；社工站季度展示会以及年度展示会	机构定期组织社工站进行自我测评；定期对社工站服务数据进行分析；打造社工站的"造血功能"；促进社工站的可持续运作能力；机构运作社工站的能力不断增强
社工站执行人员	社工站运行良好；整合资源的能力不断增强，影响力不断扩大；社工站获得社会大众的认可	定期向有关部门提交月报或简报；不定期参与相关部门提供的能力建设培训；定期参与站点展示以及进行社工站服务推广	定期对社工站服务进行总结、分析；不断拓展整合社工站资源；开拓创新服务内容；加大宣传力度，拓展社工站的影响力

需要强调的是，在应对相关方的诉求时，督导者和社工站运营团队的立场和态度是一致的，也就是说，很多时候，相关方往往将督导者和运营团队视为同一团体。

知识链接

1. 利益相关方具体责任人识别

将利益相关方对应到组织较为容易，对应到个人却较为困难，因为任何一个组织总是以个人来发生作用，所以必须将每一个利益相关方锁定到个人。

在组织中，通常有五种角色，分别是：信息传递者、决策者、影响者、实施者和受益者。这些角色可能是部门，也可能是个人，但通过不断的识别和分析，最终都应体现为个人。

2. 动态管理

利益相关方管理应该是动态的，是贯穿服务始终的，而不是一个简单的一次性文本工作。

3. "二八原则"

社工站督导者应该意识到，不同的利益相关方对服务的影响力是不同的，要谨记"二八原则"：用80%的服务回应20%的主要利益相关方的诉求。但也不能忽视次要的利益相关方，对他们的诉求同样要进行合理的回应。

五、梳理督导者自身的资源

不同的督导者有不同的督导方式，善用不同的督导技巧，并慢慢形成一套自己的督导风格。督导者对自身的资源进行梳理，融入督导方案，可增强督导方案的可行性。督导者自身的资源是指其能力和物力、财力、人力等资源。在开发利用督导资源过程中，不少督导者或忙于在其他地区收集资料，或困于网上选择资料，可能出现案例资料很多但不接地气，甚至表现出一定程度的放任与浮躁。笔者认为，合理开发、有效利用各种督导资源，对于督导工作非常重要，督导者的人格形象、情感态度、知识与能力、思维方式、工作阅历、外在连接等无时无刻不在潜移默化地对督导对象产生着影响。

那么，督导者如何挖掘和利用自身资源，来使督导更有生命力呢？

一是用好情感沟通。为了让督导对象能"亲其师，信其道"，督导者应保持强有力的亲和力，注意拉近与督导对象的距离。督导者要把自己置身于与督导对象平等对话的地位，建立友爱、和谐、合作、温馨的督导氛围，全方位调动督导对象的兴趣。只有督导者与督导对象在感情上彼此信赖，才能使督导对象"知无不言，言无不尽"，才能实现使其在自主学习和实践的过程中成长。

二是善用语言表达。语言是督导者向督导对象传递信息的最主要的手段。督导语言简约而缜密、有趣而启迪、规范而专业更易为督导对象接受。因此，督导者要不断提升语言修养，督导时注意音高适宜、快慢适中、语意清楚、抑扬顿挫、情真意切，让督导对象有亲切感，尤其要注意肢体语言。美国心理学家艾伯特·梅拉别恩研究认为，在信息传递过程中，肢体语言（姿态、表情和动作等）占表达的55%，这足见肢体语言的重要性。肢体语言包括眼神、手势等，运用恰当的肢体语言进行督导，能很好地表达督导者的情感，让督导对象觉得督导者平易近人，缩短彼此之间的距离。

三是树立个人风格。常言道："教学有法，但无定法，贵在得法。"没有哪一种督导方式是适合所有督导对象的，每一种督导风格都有它的适用范围和前提条件。不同的督导者都有其独特的督导风格，有的督导者喜欢旁敲侧击，好用激将法；有的督导者巧于激疑布惑；有的督导者喜欢开门见山、拨云见日；有的督导者胜于妙语连珠；还有的督导者的语言朴实无华，却能将复杂问题简单化……督导者应发挥自己的专长，用心捕捉、筛选现实生活中的各种资源，遵循"简约、实效而有价值"的原则，不断实践、不断反思，督导的效果就能事半功倍。

四是发挥专业优势。督导者或是在实践领域耕耘多年，或是在学校教学多年，其自身在经验和知识方面积累了丰厚资源。督导者需要将自身在行业里的经验和历练、知识的储备和积累，运用于督导工作中，使自身的经验和知识积累在社工站的督导和实践中发挥作用。

五是发掘外部资源。相比社工站一线工作人员，督导者具有更加丰富的外部资源。比如学校的教师，在学校里具备科研资源、实习生资源等，在接触政府等层面具有政策资源。比如公益慈善行业资深人士，在其职业历程中，有慈善、基金会、媒体等资源。这些资源对于社工站的工作推进都有支持价值，如果能够有效结合，会取得非常好的效果。

第三节　督导方案的完善

督导方案制订后，还需要多方征求意见，以确保方案更加完善、更易实施。当然，督导方案也有一个动态完善的过程，在方案实施过程中，督导者会根据实施情况进行优化完善。

一、督导实施前的完善

一是再次仔细听取督导对象的建议，提高方案的可操作性，激发督导对象的积极性。

二是征求其他利益相关方意见。为了使督导方案更加切合实际，可将督导方案发给运营机构负责人、乡镇主管部门、社工站成员，书面征求意见；或者召开相关方座谈会，面对面征求意见。督导方案的制订过程，同时也是社工站多方沟通互动、共同合作的过程。

二、督导实施过程中的完善

督导方案无论多科学、正确和细致，都不可能与纷繁复杂的现实情境完全一致，尤其是在督导实施过程中，随着时间的推移、环境条件的变化，新问题会不断涌现。只有围绕督导目标，不断完善督导方案，才能确保督导目标顺利实现。因此，督导方案需要不断优化和完善。

首先，督导对象的督导需求不是一成不变的，往往跟服务环境、专业关系、个人家庭情况等因素息息相关，随着对督导对象认识的加深，督导者应不断根据督导对象展现出来的新问题、新特质优化完善督导方案。每次安排督导前，督导者可"线上"向项目主管了解督导对象近期的情况、工作表现；在项目团队开展督导工作时，可先与项目负责人面谈，进一步了解情况。在此基础之上，动态把握督导对象的需求，做到按需给予督导。

其次，服务对象的反馈有可能超出工作方案的预估，因此也应根据服务对象对服务方案的反馈调整方案。

最后，服务购买方也可能在实施中提出新的要求。

优秀的社工站督导者不仅需要向督导对象传授知识，还需要保持开放的心态向督导对象学习。

社工站督导方案的调整改进

督导者应根据督导对象、服务对象和服务相关方的反馈，调整、完善督导内容，主要包含但不限于以下内容：

1. 对照社会工作伦理，审视言行是否符合督导规范；

2. 观察督导对象的工作改进、行为改善情况以及对督导关系的反馈情况，商讨调整督导频率、督导风格、督导内容等；

3. 定期在督导议题中安排阶段性督导效果的反思，听取督导对象的工作建议；

4. 定期向服务相关方反馈督导工作，听取改善建议；

5. 根据督导对象所在岗位和项目的环境、要求变化，调整督导计划；

6. 接受工作考核评价，在此基础上优化督导工作。

第5章

督导工作第三步：实施督导

　　在实施督导前，督导者应当熟悉乡镇（街道）社工站所在区域的基本情况，以便将专业性与本土性更好地结合起来，增强服务的有效性；应当熟悉基层党委、政府的基本工作方式和工作特点，以便指导社工站人员在服务开展过程中学会如何与基层党委、政府工作人员打交道，得到其支持；应具有良好的基层社会治理体系意识、集成意识和良好的人际交往沟通、组织间的协调联动经验，以便指导社工站人员发现资源、发掘资源、链接资源、运用资源，为服务对象构建综合性的社会支持网络；应具备良好的心理学知识，以便指导开展包括团建、个体辅导等在内的心理建设活动，为社工站人员的情绪释放和压力缓解及时提供有效的支持和帮助。本章将从社工站督导者在工作过程中常见的督导对象问题及需求入手，探讨督导者在实际工作中如何实施督导并达成督导目标。

知识链接

督导者如何处理社工站社工面临的不同问题

　　1. 处理社工站社工的伦理困境，督导者应识别问题、设定目标、促进反思、多方协调；

　　2. 处理社工站社工的专业不足问题，督导者应确认需求、规划内容、促进执行、跟进成长；

　　3. 处理社工站内部建设问题，督导者应厘清需求、明确指引、推进执行、严格管理。

第一节 怎样处理伦理困境问题

社会工作中的伦理难题，又称为"伦理困境"，主要是指由个人价值观与专业价值观、专业价值观与机构价值观、个人价值观与机构价值观之间产生冲突所导致的伦理决定困难，它是价值观的绝对性与相对性、个体与群体、个别与一般、革新（变迁）与传统之间冲突的具体体现。

那么，社工站督导过程中会遇到哪些伦理困境问题，以及如何妥善处理督导对象的伦理困境问题呢？本章将从几个案例入手，分析督导者处理伦理困境问题的常见方法及步骤。

一、认识常见的伦理困境并识别问题

在实践中，社会工作者面临的主要伦理困境可能来自社工个人与所在机构、社工与服务对象、社工与同事、社工自身等。在社会工作专业的理论研究中，我们把伦理困境分成五个方面的问题：保密问题；人情与法治及规定的冲突问题；价值介入与客观性的矛盾；社会工作者的个人利益满足与职业的社会责任之间的冲突；自我决定问题。

那么，在社工站工作的社工们，又会遇到哪些伦理困境问题呢？我们跟进了多名社工站督导者的工作，从反馈来看，社工面临的伦理困境更多地来自"关系处理"。以下我们将通过几个社工常常向督导者倾诉的伦理困惑，来了解基层社工站社工面临的困境，以及督导者对此进行的问题原因分析。

（一）社工站社工应该对谁负责的问题

目前，国内社工站的社工团队建设有两种主流模式。

一种是由乡镇（街道）直接聘用社会工作者，相关主管部门通过设立项目管理办公室安排统一督导。广东的"双百工程"是这种模式的代表。"双百"模式下的社工，其专业服务需要对所在乡镇（街道）即用人单位负责，也在驻村（社区）时需要对所在村（居）委会负责，以及对地区中心负责。

另一种是区县民政部门通过公开招投标确立承接运营单位，由中标单位招聘至乡镇（街道）工作。湖南的"禾计划"是此种模式的典型代表。"禾计划"模式下的社工，需要对所在乡镇（街道）负责，也需要对与其签订劳动合同的机构负责，部分村（居）社工室的社工还需要对所在村（居）负责。

此外，其他常见的社工站建设模式多是省级民政部门主导推进的，社工站需要接受各级民政部门的指导。社工站至少需要接受来自三方面的监督、管理，实际上成为"多重管理"的对象。社工站社工的管理架构区别于传统上常见的单向管理模式，所以有社工戏言自己有"多个婆婆"。

案例分享

社工小 A 是 2020 年入职的社工站社工，其工作地点在中部某省 C 乡镇社工站。小 A 的劳动合同与 X 机构签订，岗位为 C 乡镇社工站副站长。日常办公地点在 C 乡镇政府内，与乡镇社会事务办在同一个办公室工作，工作内容为协助事务办开展社会救助相关工作。小 A 表示，日常主要工作事务由事务办主任安排，在事务办主任安排的工作之外，则是小 A 入村上户开展专业服务的时间。在小 A 所在的县，县民政局设立了县级社工总站，对乡镇社工站进行定期培训、督导、评估、绩效考评等，因此小 A 每个月需要向县社工总站汇报工作。小 A 所在的 X 机构，承接了该县 6 个乡镇社工站建设项目，有 12 名驻站社工，同时也安排了 2 名内部督导定期进行服务跟进。除此之外，2021 年，X 机构分别向县慈善会、县妇联申请了项目，并将项目指标分解到了这 6 个社工站。

小 A 苦恼地向督导者表示，感觉平时指挥自己干活的人太多了。在乡镇，除了完成社会事务办的"分内"工作，遇到乡镇的重要工作也会被派去参与，如疫情防控时被安排了电访任务；所在机构会定期派片区负责人来查看服务进展，并要求每月报送月简报；县民政局也会通过县级社工总站对社工站开展每季度考核评估，考核内容主要为站点建设情况、专业服务开展情况等；市民政局也安排了督导者定期来指导工作开展，往往在督导后会面临文书资料、专业服务开展等方面的改进建议和要求；同时由省民政厅开发的监测系统，也要求报送服务数据。而机构在县妇联和县慈善会申请的项目，小 A 也需要完成其中的一些项目内容，又增加了两个要对接联络的部门。小 A 说，有时候乡镇安排的工作任务比较重，但是机构和县民政部门提出的服务计划又不得不完成，自己也不知道该怎么处理轻重缓急。如果只有"一个婆婆"，那么完成一个上级的指令会变得比较清晰和简单，但是"多个婆婆"同时管，就会发现自己要对接的条线很多，反而不知道该如何处理了。小 A 也说，虽然很想每个"婆婆"的话都听，但自己精力能力都有限，当各个事情冲突时，到底该主要对谁负责呢？

在这个案例中，有经验的督导者首先要做的是确认小 A 的矛盾所在。识别及确认问题是督导工作的第一步。在小 A 的困惑中，表面上看是工作精力分配问题，实质上是社工站的管理架构问题。因此，协助督导对象厘清问题症结，看到问题背后的制度设计问题，有助于督导对象进一步理解产生困惑的原因。

顺着小 A 的困惑，督导者为小 A 分析了现状。

首先，明确站点定位。聚焦主责主业是社工站的工作责任。乡镇（街道）社工站是落实党和政府爱民惠民政策，细化民政基层服务的一线阵地。专业化是社会工作可持续发展的生命线，社会工作离开专业化就会失去力量源泉，就会丢失职业价值。

其次，明确身份定位。社工站社工的首要角色不是政府工作人员，也不是政府临聘人员，而是有专业价值追求的专门职业人员。在各级文件中，也始终强调要避免将乡镇（街道）社会工作人才变为填表报数、提米送油等配合乡镇（街道）干部的勤杂人员。

最后，明确岗位职责。例如，湖南省"禾计划"出台的相关政策明确社工站社工的具体工作内容为：（1）在社会救助方面，推动做好最低生活保障、特困人员救助供养、临时救助经办过程中的对象排查、家庭经济状况核对、政策宣传、绩效评价等工作，为社会救助对象开展照料护理、康复训练、社会融入、能力提升、资源链接等服务。（2）在养老服务方面，推动完善社区居家养老为基础的服务网络，开展留守、空巢、特困老年人巡访评估、生活照顾安排、家庭关系协调、社区参与等服务。（3）在儿童关爱方面，推动开展困境儿童家庭随访和对象核查评估，对儿童家庭及监护人开展监护法治宣传、安全和心理健康教育、隔代教育能力建设等工作。（4）在社区治理方面，协助基层群众强化民主理念、掌握协商方法、合理表达诉求，推动构建党组织统一领导，政府依法履责，各类组织积极协同，群众广泛参与，自治、法治、德治相结合的基层治理体系。

深入分析，小 A 面临的看似是"多头管理"，但根源都是基层民政服务能力不足的"痛点"和"堵点"。如此一来，督导者协助小 A 认识到，问题并非不能破解，反而还能寻找统筹推进的机会。

（二）专业服务时长难以保障的问题

社工站行政事务多，占用大量工作时间，导致专业服务时长难以保障，怎么办？

这个困惑其实是上一个问题的延伸。无论哪种社工站建设模式，一旦社工的主要办公场所在乡镇（街道）政府内，那么社工承担一些行政事务便难以避免。社工站的"行政化"也常常受到学界的质疑，认为此种做法空有社工之名，而失去了社工专业的纯粹性。对于很多科班出身、有社工梦想的基层社工来说，同样也会对此感到困惑。比如，作为社工站的社工，当遇到行政事务较多时，到底怎么从繁杂的行政事务中安排出专业服务的时间呢？当遇到疫情防控等重要工作时，作为社工从来都不会袖手旁观，总是积极听从指挥、响应号召开展工作。这些虽然很重要，但属于项目服务指标外的工作，社工站的社工到底应该承担多少呢？

案例分享 ··

社工小 C 向督导者倾诉过她的困惑。小 C 是社会工作专业毕业生，一直怀着用社会工作专业手法帮助困境人群的想法，因此在毕业后果断选择回到家乡的镇上，成为一名镇社工站社工。小 C 说，因为自己比较擅长办公软件的操作，因此镇社会事务办的主任比较信赖她，会交给她文件处理的工作，自己也与镇上各个部门的同事建立了良好的关系。一开始小C感到自己很受认可，对于领导交代的工作总会尽全力完成，但是随着工作能力的提升，小C对政策和工作流程的掌握越来越熟练，她发现交给自己的行政性工作也越来越多了，每次想到自己的初衷是面对困难群众开展专业服务，但被行政事务缠身而不能很好地开展专业服务时，她就会感到很焦虑。虽然有时候小C会安慰自己，在镇上为社会救助对象申请了政策也是在给他们服务，进村走访进行低保核查时也是一种探访服务，但是她深知离自己了解的专业服务还有一定差距。她渴望像机构内的社工那样，全职全心全意做专业服务，可以每天与服务对象打交道，也可以在服务对象需要时第一时间给予回应和帮助，她认为那样更能体现自己的专业价值。

时间长了，小C更加困惑：一方面感到承担的工作越多，目前岗位越离不开自己；另一方面又想回归自己的主业，只做"分内"事。每次想开口跟领导说，又怕辜负了领导的信任。

小C的困惑初看是时间精力的分配问题，折射的却是其他方面的问题。为此，督导者首先要协助小C转换看待问题的角度。在看待政府部门安排的工作任务时，与其把它看成是负担，不如看成是机会——这是一个让社工维持和政府部门良好关系的机会，也是一个让政府部门认识社工能力的机会，还是社工挖掘服务对象、挖掘社区问题的好机会。在协助政府部门开展一些活动或任务时，比如低保入户核查、事实无人抚养儿童的定期探访等工作，社工就可以同步接触服务对象并提供专业服务。

因此，督导者要协助小C识别和确认以下问题。

一是如何理解专业服务。社会工作专业服务不应该仅仅停留在个案、小组、社区工作上，其不是全部工作内容。收集服务对象资料、了解所在地风土人情、与当地职能部门建立关系等，同样是社工需要做的工作。从这一点看，即便是机构内的社工，也会承担不少对外协调的工作任务。

二是如何看待行政事务。小C自己也表示，社工站的行政事务事实上是为专业服务开展提供便利的。行政事务与专业服务并非对立关系，而是可以相辅相成的。每次基于行政工作的入村走访，实际也是小 C 的专业服务内容，她所进行的最低生活保障、特困人员救助供养、临时救助经办过程中的对象排查、家计调查、政策宣传等，同样是社会工作者的专业服务内容。

三是要有的放矢地应对行政工作。如果社工有时间，可以协助，但是当社工真的忙得走不开，或者自己有重大任务要处理时，可以有技巧地拒绝。社工可以跟政府相关人员解释清楚原委，相信他们也是会理解的。

四是如何协调出更多的专业服务时间。回到小 C 的现状中，仅仅是改变认识还不足以解决她的困惑。因此，聚焦问题本身，督导者还需要再协助小 C 进行多方协调，比如通过向上级民政部门反馈行政事务偏多的情况，通过上级部门的督查，要求乡镇（街道）保障基层社工站专业服务时长，以切实帮助她在行政工作和专业服务工作中取得平衡。

（三）社工的个人利益满足与职业的社会责任之间的冲突问题

在这个困境中，最突出的莫过于社工的薪酬待遇与社工岗位职责之间匹配度不够而引发的职业认同危机。公开的数据显示，广东"双百工程"中大部分地区的社工站社工待遇并不高，虽然广州、深圳、东莞等城市可以达到综合年薪 10 多万元的水平，但粤东西北地区及广大内陆省份的社工薪酬仍然与社工期望及岗位贡献之间存在差距。如 2021 年发布的《英德市"双百工程"社工薪酬方案》显示，原"双百计划"第一批社工，薪酬为 4829 元/月；2021 年 8 月以后新招聘的社工，薪酬为 4375 元/月；获得助理社工师和社会工作师证书的每月分别增加 200 元、400 元。以上待遇包含"五险一金"。当然，文件提到，"双百"社工享受与所在镇（街）购买服务人员、自聘人员同等的福利待遇（如工会会员福利、计生奖励、年终考核奖金等）。由此推断，除去年终考核奖金（该部分各个镇街之间可能存在一定差异，难以统一化），英德"双百"社工每月实际到手薪酬为 3000 多元。在行业薪酬待遇普遍偏低的情况下，面对追求职业梦想的现实与生活压力的矛盾，不少社工也产生了动摇。

案例分享 ....

　　某乡镇社工站社工小 E，是该乡镇本地人，家中独女。因为父母希望她留在身边，所以她选择成为一名社工站社工。工作一年后，小 E 却越来越迷茫和纠结，在一次个人督导中，她向督导者倾诉了自己的想法：

　　"在乡镇工作的这一年里，我感觉自己好忙，做了很多事情，疫情防控期间也是加了一个月班没有休息。可是每个月看着工资卡里一点点的钱，工作的动力就减少了很多……我听说隔壁乡镇给社工站社工发放了防疫加班补贴，逢年过节也会提供工会福利，可我这里的乡镇却什么都没有给我发，感觉自己在这里被边缘化了……我觉得以自己的能力，去其他行业工作肯定能赚到更多钱，可是我又舍不得离开社工行业。社工这个职业其实我很喜欢，也觉得承担了很多社会责任，是很有意义的一份工作……可我还是想要有更好的待遇，可以多攒点钱犒劳自己、孝敬父母，也希望能获得乡镇领导的认同。但是在现在的情况下，我也不知道自己还能坚持多久，也不知道自己的坚持是不是正确的。"

　　从小 E 的话语中，督导者意识到，小 E 已出现了职业认同危机。这种职业发展上的伦理困境，正消耗社工的情绪，必须要引起重视。

　　有不少社工在督导的过程中都向督导者袒露过心声，他们觉得很迷茫，不知道以后何去何从。产生这种迷茫感的主要原因包括自身的价值感不高，且薪酬和晋升途径有限。虽然社工站社工大多是当地人，相对生活成本会更低，但大家对于薪酬待遇和职业发展的考虑还是会摆在非常靠前的位置。督导者应如何帮助社工去识别并聚焦问题呢？

　　作为督导者，可以带领督导对象进行"三个探讨"：一是探讨个人未来的发展目标；二是探讨实际工作表现情况；三是探讨建立合理的自我认知。通过三个问题的讨论，聚焦到问题本身——目标、能力、表现三者之间是否互相匹配，进而明确督导对象迷茫的原因：究竟是能力表现匹配不上目标，还是缺乏展示能力实现目标的途径？需要督导者澄清的是，社会工作这门职业从来不应与"低薪"画等号。社会工作虽然是以社会价值为取向的职业，但不应遭到以"情怀"进行的道德绑架。督导者既要客观地看待社工在薪酬待遇及职业发展等个人利益上的追求，也要协助社工做好情绪的疏导，帮助社工树立长远目标并协助其规划个人发展。

二、设定解决伦理困境的目标

20世纪90年代，国际社会工作界的伦理专家曾提出解决伦理困境的一般步骤，供社会工作者在实践中参考。

一是认识案件的伦理问题，包括分析社会工作者自身的价值观、责任和义务；

二是清楚识别任何个人、团体或组织影响伦理决定的境况；

三是正确认识伦理行动的各个过程以及参与其中的人，分析可能存在的利益和风险；

四是深入了解支持或反对作出有关伦理决定的理由；

五是向同事和适当的专家进行咨询；

六是作出伦理决定并记录决定过程；

七是监督和评估伦理决定。

这七个步骤虽然是针对社会工作者对服务对象的伦理困境处理，但运用在督导工作中，若把督导也作为一个个案管理过程，那么这些步骤同样值得借鉴。

在协助督导对象正确识别了产生困境的原因后，督导者接下来要做的便是与督导对象一起设定解决问题的目标。有些问题可以通过督导者与社工的努力进行改变，但是更多的伦理困境问题需要通过督导者改变社工的想法而改变。

（一）解决面对"多头管理"主体的社工的困境可设定的督导目标

在前文社工小A的故事中，她成为"多头管理"对象而导致不知道如何妥善处理与以下几方面的关系：一是日常工作所在乡镇；二是人事关系所在机构；三是直接进行评估考核的上级民政部门；四是机构链接的其他外部资源。其中不同部门之间的利益冲突最终会落到小A的身上，导致她的困境。但是通过督导者对问题的分析，可知不同部门之间最终的指向是共同的，如此一来便有了问题解决的基础。因此，在督导社工小 A 反馈的问题时，目标应聚焦于如何帮助小 A 改变认知、理顺关系。

一是改变对"多头管理"的认知。"多个婆婆"意味社工站可以整合的资源是多重的：各级民政部门（以及其他政府部门）的政策资源、乡镇（街道）的行政和人力资源、社会工作服务机构的专业资源等，各方资源对于社工站建设来说都是不可或缺的。当观念转变为：这些资源都可"为我所用"后，反而会激发社工的工作积极性，化被动为主动，对于外部各资源主体的对接更加主动。

二是设定工作条线对接表。督导者协助社工将日常工作内容进行合理安排，并标记各项工作应主要汇报的部门和负责人。如每周将落实政策所需办理的行政手续等工作向社会事务办主任汇报，每半个月与机构内部督导对接，每个月将工作总结简报交乡镇、机构、区县民政部门。

（二）解决社工站行政事务多、专业服务时长不够的困境可设定的督导目标

在前文小 C 的案例中，由于行政事务较多，导致她的专业服务时长难以保证，那么督导者应设定什么目标来帮助她摆脱困境呢？

一是改变认知，肯定行政工作的价值。在小 C 的认知中，认为行政工作与专业服务应该是截然不同的两项内容。但是，行政工作是专业服务的基础，也是专业服务的延伸。比如，行政工作中，小 C 可以接触到救助对象名册，实际上是完成了专业服务中对服务对象的筛选工作。又如，将救助对象纳入政策覆盖范围，实际也是专业服务中需要达成的目标；疫情防控工作，看似是在既定的项目指标之外的工作，但这既是符合社会工作者的专业价值理念，同时也响应了上级部门对社会工作者参与疫情防控工作的号召，同样也是专业价值的体现。因此，督导者首要的工作目标是协助小 C 转变思想认识，不再执着于使用传统社会工作三大方法开展的工作才是专业工作。

二是设定多方协调的目标。在有关社工站建设的文件中，大多已对社工行政工作与专业服务时长的占比进行了规定，如果在实际工作中遇到未执行到位的情况，那么督导者应与社工一同制定改变的目标：在合理范围内确定每周行政工作的时长安排和专业服务时长安排。确定各部分所需时长后，再进行多方协调，如与当地乡镇（街道）的协调、向所在机构反映并请机构负责人予以出面协调等。

（三）解决社工职业认同危机的督导目标

前文社工小 E 的案例是督导过程中常常遇到的问题。社工的专业要求与薪酬待遇之间不平衡，导致社工出现职业认同危机。社会工作者的从业认同与职业能力、职业荣誉、职业忠诚、职业地位和职业前景有关。社会工作者职业认同测量方向分为两类，一是自我认同，二是社会认同。其中，自我认同是个体对自身现状等各层面的觉知，统合而成为一个完整、和谐的结构；社会认同则是从个人与群体之间的关系来界定的，社会认同是个人拥有关于其所从属群体，以及这个群体身份所伴随而来的在情感上、价值观上的重要性认知。因此，督导介入的目标应是：重塑自我认同、构建社会认同。

因此，督导者将目标设置为：侧重在社会工作者个人能力、专业深度、专业广度及发展空间四个方向给予递进式协助，以逐步提升其职业认同，推动其自身成长，进而建立社会认同。具体来看，一是重塑自我认同，即协助小 E 在能力、表现、目标三个方面进行自我画像，客观分析其目前的能力是否足以实现其目标追求；二是构建社会认同，即从家人、同辈群体、机构、乡镇等角度，肯定小 E 的职业付出，认可其职业尊严和职业地位。同时，督导者也应与机构及行业协会积极探讨社工职业发展路径，给予一线社工更多成长空间。

三、通过解决伦理困境，促进社工反思成长

社会工作者在实务工作过程中很容易陷入各种伦理困境，作为督导者，要想协助社工站社工在工作中做好伦理抉择，就要在满足社会价值、专业价值基本要求的同时做好特殊问题的处理，培养起专业、开放、与时俱进、及时反思的思维逻辑。

处理伦理抉择本身就是一个复杂的过程，涉及的处理方法与原则均无法统一规定。其原因在于社会工作实践中伦理困境的普遍性、复杂性和多

样性。因此，在实践中，必须鼓励社会工作者用不同的方法和资源来解决实际问题。鉴于伦理道德上的困境和冲突，督导者尤其要注意以下几个方面。

第一，处理社工站社工的伦理抉择困境，首要考虑的是社工站建设的大局，以及社工个体的发展性。当社工站社工面临两难问题时，要保障社工站建设的可持续性，即在行业建设背景下，如何巩固和发展社会工作人才队伍，是督导者处理伦理困境时要坚持的首要原则。

第二，处理社工站社工的伦理抉择困境，不要求保持绝对中立。在社会工作者处理服务对象的伦理抉择中，我们强调客观中立的价值取向，即更多地在于"服务对象自决"，但是督导工作过程，本身即是一种价值理念的输出。因此，虽然前文提到督导可以作为一个个案管理的过程，但实际的操作结果和遵循的方法守则会有很大区别。督导者需要持续用社会工作理论予以辅导，需要用坚定的情感支持予以强化，需要寻找可能的途径予以协助，也需要用尽可能多的资源给予提升。最重要的是督导者在价值观上对督导对象的价值引导。

第三，伦理困境处理中应及时反思与检讨。在实际工作中，督导者应增加自身的伦理道德建设，不断地反思检讨，开展伦理困境细查工作，坚持本着开放专业的态度来思考伦理抉择问题。

在应对特殊的伦理困境问题时，如社工站建设要求与社会工作者的原则、价值及社会工作守则发生冲突时，督导者应确立合理、可行性强的方法来帮助驻站社工工作的有序进行。可尝试在团体督导中建立伦理困境互助小组，在小组中针对遇到的伦理抉择问题进行集体决议。可以为新入职的驻站社工组织相应的伦理抉择案件演习，使其在未正式工作前就对伦理抉择有一定的了解，掌握一定的伦理抉择处理方法，并对他们使用的方法进行干预和应对。同时，应定期监测和评估社会工作者的道德水平，加强道德和价值观的教育和训练。督导者也应提醒社会工作机构（社工站承接机构）重视驻站社工的价值观和道德观建设，预估驻站社工的道德底线发展，使其心态人格更符合社工站建设服务需求。机构和外部督导也应为驻站社工的工作提供有价值的帮助，协助驻站社工对伦理困境作出有效应对。

在社会的持续发展和进步中，价值观日趋多样化，督导者和一线社会工作者常常要面对各种各样的伦理困境。一般来说，在督导工作前期，就要重视社工的伦理抉择能力的培养，并阶段性了解社工所面临的有关个人工作发展的伦理抉择困境，培养社工个别化地去看待自己面临的伦理困境。督导者也应时刻对自己的处理方法进行检视和反思，坚持人本主义原则去看待具体问题，采取符合道德理念的分析方法处理好专业伦理问题。

四、促进多方协调，达成督导目标

从前述案例中可以看到，多数督导者的工作不仅仅在于其对督导对象个人的价值引导，还需要通过其他主体的协同推进，才有可能从根本上解决社工个人的伦理困境问题。

比如，针对社工站的"多头管理"问题，仅仅引导社工将对"管理主体"的认识转变为"资源主体"，还是会在实际工作中面临难以平衡的问题；在社工站行政事务占比较多时，仅仅认识到行政事务作为专业补充同样也不能根本性解决专业服务时长不足的问题；在社工站社工普遍由于薪酬待遇低及职业晋升通道窄而产生职业认同危机时，仅仅通过督促社工提升个人才能以获得发展的可能性，也不具备足够的说服力。因此，督导者还需要开展的一项重要工作便是联动多方主体，促进社工站建设整体环境的逐步完善。如与乡镇（街道）主要负责人开展沟通协调，以促进其对社工站的认同与理解，合理安排社工工作，促成行政工作与专业服务形式相对合理的区分；如对社工所在机构进行指导，加强机构内部规范管理；如向当地民政部门提出建议，开展社工站社工的优秀事迹宣传工作，使社工进一步增强从业荣誉感、自豪感。

综合来看，除了传统的督导内容外，乡镇（街道）社工站的督导内容还应侧重于以下几方面。

一是将社工站的工作目标与属地基层党委、政府的工作目标和管理目标有机结合起来，通过社工站自身工作目标的实现更好地服务于当地基层党委、政府的工作目标和管理目标。

　　二是在基层多方联动中与其他成员建立起更为稳定、紧密的关系，为乡镇（街道）发掘出、链接到更多的志愿服务和公益慈善等资源，为促进当地发展发挥自身功能和作用。与民政系统内外其他已有的组织，如乡镇（街道）未成年人保护工作站、乡镇（街道）养老服务中心、街道文化站、乡镇综合文化站等形成协同，共同推动当地基层社会治理的系统化、体系化建设。

　　三是结合当地环境、人文、民俗等实际情况，不断实现"本土化"和"在地化"。

　　四是重视并关注社工站人员工作过程中的情绪变化和心理状态，及时跟进，在督导过程中重点加强情绪缓解和心理疏导。

　　总之，社工站社工产生的伦理困境大多由站点建设机制产生的连接不顺畅、制度不完善等引起，督导者在关注督导对象个体的价值取向的前提下，有必要对整体工作架构进行更深一步思考，开展多方协调，才能从根本上解决问题。

第二节　怎样处理专业技能问题

　　社会工作督导是专业训练的一种方法。通过定期和持续的监督、指导，传授专业服务知识和技术，增进督导对象专业技巧，进而促进他们成长并确保服务质量。在社工站建设中，督导者不向服务对象直接提供服务，一般通过"督导"这一过程，对直接提供服务的驻站社工施加影响，来间接促进提升社工站建设水平和专业服务水平。这是督导最基本的职能。

　　在社工站督导中，提升督导对象专业技能是最主要的一项督导内容。那么，面对社工站社工的专业能力提升需求，督导者又可以通过哪些步骤来实施督导服务，以达成督导工作目标呢？

一、确认督导需求

社会工作督导秉承"需求为本"原则，充分把握督导对象的需求，是社会工作督导的第一步，也是关键性的一步。"需求为本"原则强调督导者要充分考虑督导对象所处的社会环境与资源，多角度对其需要作出动态评估，及时发现督导对象的需求并予以回应。"需求为本"原则要求督导者尊重督导对象的主体性，营造有利于需求表达的氛围，保障需求的充分表达。中国香港督导者陈锦棠认为，社工的督导需求＝标准（期待）表现−实际表现，即社工的实际表现与其工作应该达到的水准之间的差距。督导者在开展工作前，需要先明确对社工所提供服务的要求有哪些，再对社工的个人能力水平进行评估，评估其日常表现和期待标准表现之间的差距，以确定社工的优缺点（发展需求），提出进一步发展的方向与方法。

督导需求可分为个别督导需求、团体督导需求，个别督导需求指督导对象个人的需求，具有个别化的特点；团体督导需求则属于督导项目（站点）的共性需求。

案例分享

刘督导、李督导是 S 市初级督导，于 2021 年初由 S 市民政局聘请为 A 区社工站外部督导，聘期一年。A 区有 16 个街道、4 个乡镇，全区乡镇（街道）社工站建设通过分片区方式以政府购买项目方式，由 4 家社会工作机构承接。每个站点配备驻站社工 2 人。签订督导协议后，两名督导者第一时间开展了督导需求调研。通过与 A 区民政部门的沟通，与 4 家承接机构负责人的座谈，两名督导者收集了民政部门和承接机构在社工站人才培养、项目管理等方面的需求，也对全区社工站社工的年龄、学历、持证情况、继续教育情况等有了比较全面的掌握。

经过督导需求摸底，两名督导者明确了以下几项专业能力提升需求：

1. 传授有关社会工作管理理念、模式、工作程序、服务标准等知识；

2. 协助督导对象把社会工作理论运用于工作中，发展本土化服务；

3. 协助督导对象掌握更新的社会工作理论及技巧，提升专业工作能力；

4. 建议或提供相关的书籍、文献、信息给督导对象；

5. 协助所督导的社工站制订工作计划、推进有关专业工作并评估其成效；

6. 督导项目及机构运营，重视提升所督导社工站承接机构的项目管理能力、机构运营能力。

在明确督导需求后，两名督导者根据各自的擅长领域进行了分工，确定了督导主题，制订了年度督导计划表。在第一次实地督导后，两名督导者又进一步与驻站社工进行了面对面沟通，听取了驻站社工反馈的共性需求（如专业文书写作），在原督导计划表上增加了社工个人能力发展内容，并与 A 区民政部门、承接机构、驻站社工进行了确认。

上述案例说明，社工站督导者对督导需求的掌握需要综合多方面意见和建议。首先，驻站社工是主要督导对象，驻站社工的基本情况尤其是专业能力情况需要提前了解和掌握；其次，社工站建设中的相关方，如民政部门、承接机构等，都需要了解其在站点建设上的目标和需求。如有必要，还可以通过走访乡镇（街道）相关负责人，了解其对驻站社工的能力要求。

从已有的社工站督导经验来看，社工站社工的督导需求可以归纳为以下几个方面。

一是新入职社工补充基础知识的需求。每年社工站都会新增一批驻站社工，在社会工作欠发达地区，这些驻站社工往往是缺乏系统的社会工作专业培训的。因此，对督导的一项重要需求便是发挥督导的教育性功能，从社会工作的理念、理论、方法入手，为社工站"新人"架构完整的社会工作知识框架。

二是提升驻站社工专业服务技能的需要。驻站社工反馈比较多的专业技能提升的需求，主要集中在链接和整合资源、志愿者管理、个案管理、专项服务的深化等几个方面。

三是支持和鼓励驻站社工，发挥社工能动性的需要。驻站社工在心理、情绪方面存在的困扰需要督导者予以支持，指导其规划职业生涯发展，提升其对专业的认同感与归属感。

四是提高社工站的规范化运营和专业化能力的需求。这类需求的提出者一般为民政部门或社工站承接机构，主要目标为完善社工站内部制度建设、打造社工站的特色服务品牌、总结社工站建设经验。督导者需要指导社工站开发、管理专项服务。

除此以外，督导还需要在满足社工综合能力提高方面给予帮助，如提高新闻宣传能力、运作新媒体传播渠道的能力、政社协调能力、演讲与表达能力等。

二、规划督导内容

在确定了督导对象的需求后，督导者下一步的工作便是制订工作计划，将年度督导工作内容进行系统梳理，整合成细化的督导工作安排表。按照《民政部关于加快乡镇（街道）社工站建设的通知》精神，社工站督导工作内容主要分为以下六点。

一是指导完善乡镇（街道）社工站的布局选点。引导乡镇（街道）因地制宜设置社工站，社工站场地可与公共服务中心、养老服务中心、新时代文明实践所、社会心理服务站、综治中心等共建共享，也可依托乡镇（街道）社会事务办（民政办）、乡镇（街道）社会组织孵化基地或其他承接民政服务职能的内部机构等现有办公场所设置。

二是指导完善社工站的制度体系。协助完善社工站的内部组织结构及岗位职责制度、社会工作管理制度、项目管理制度、财务管理制度和风险管理制度等系列制度体系，确保社工站规范运行。

三是指导完善社工站的服务项目设计。社会工作服务项目策划是社工站的一项重要工作内容。督导者可以指导社工站加强乡镇（街道）调研，在调研基础上根据当地社区状况和居民需求状况，有针对性地策划需求导向的在地化服务方案，聚焦特殊困难群众社会救助、老年人服务、困境儿童服务、妇女权益保护、退役军人服务、社区治理和乡村振兴等领域，打造群众认可、特色鲜明的社会工作服务品牌项目。

四是指导完善社会工作专业服务流程。指导社工站完善个案工作、小组工作、社区工作等专业服务的流程及相应档案管理，完善志愿者及志愿活动管理、社区社会组织培育的流程及相应档案管理，提高社工站的专业服务质量。

五是指导完善社会工作服务的绩效评估机制。协助社工站按照目标导向，建立绩效评估机制，根据服务项目的特点设置合理的绩效指标，并且定期督查社会工作者的指标完成情况，引导社会工作者向专业目标方向努力。

六是协助完善社工站的人才队伍建设。协助社工站选聘社会工作者，定期开展个别督导或集体督导。督导者要发挥情感支持功能，从岗位适应性、职业生涯规划等方面给予引导和心理支持，稳定社工队伍；发挥行政支持功能，从行政事务处理能力、沟通协调能力、文案写作能力等方面予以指导，提高社工的工作效率，提升自我效能感；发挥专业支持功能，从专业知识拓展、专业方法示范、专业服务释疑等方面提升社工的专业服务能力，促进社会工作者的专业成长。

三、促进计划执行

社会工作督导的目标之一是推动督导对象付诸行动，实现综合能力、专业能力的提升。在督导计划执行阶段，社工站督导者主要有以下工作。

一是确认驻站社工的问题和需求；

二是帮助驻站社工确认问题产生的原因；

三是帮助驻站社工掌握解决问题的方法和技巧；

四是帮助驻站社工梳理和使用服务资源；

五是指导驻站社工开展工作；

六是促进驻站社工的成长。

督导计划能否顺利执行，不仅在于督导者本身，还在于督导对象的全过程参与。那么，督导者该如何确保驻站社工参与督导计划，并通过督导工作解决面临的问题，从而得到成长进步呢？

案例分享

　　2021 年初，何督导被某区民政局聘请为社工站外部督导，聘期一年。在初期督导需求摸底工作中，何督导明确了以团体督导为主、个人督导为辅的督导方式，督导频率为每月实地督导一次、线上督导若干次。为了确保督导工作落到实处，也为了检验督导工作对驻站社工的成效，何督导在第一次团体督导时组织了讨论，组织督导对象对相关专业知识进行"前测"，并让社工对自身进行 SWOT 分析，设置自己的年度成长目标，制订《2021 年度个人成长计划表》（以下简称《个人成长计划表》），将《个人成长计划表》的日期安排精确至每周，撰写全年的个人发展规划。

　　随后，何督导将督导对象的《个人成长计划表》进行汇总，规划出年度督导内容。在之后的每次督导时，何督导都会通过以下流程来巩固社工的进步，确认社工的成长。

　　1. 说明本次督导安排，包括主要环节及议题等；

　　2. 了解近期各站点建设情况，跟进上次督导后工作进展、布置的"作业"完成情况及问题解决情况；

　　3. 围绕议题开展督导，并就督导过程中提出的新议题予以讨论和回应；

　　4. 带领社工进行总结，回顾本次督导内容，巩固督导效果；

　　5. 明确下一步工作任务及可采取的行动策略。

　　除此之外，何督导也会不定期通过线上沟通方式了解督导对象的动态。每个季度组织督导对象对照《个人成长计划表》查看进步情况。年底再对督导对象进行一次专业知识"后测"。

　　上述案例中，督导者在促进督导计划的执行上主要用了三步法。

　　首先，指导驻站社工制订督导周期内的《个人成长计划表》。督导者引导社工思考自身的成长方向、成长目标、具体行动策略，结合社工站岗位需要及个人发展意向，围绕个人专业能力提升等主题，制订促使督导对象提高自身素质、提高专业技能的《个人成长计划表》。

其次，整理形成《社工站社工成长计划一览表》，根据社工的需求安排每次个别督导内容；找出共性内容，安排小组督导、团体督导内容；通过朋辈的力量，提升督导对象的学习动力。

最后，每季度通过个别督导进行回顾，了解社工的执行情况，督导周期结束后复盘全周期社工成长改变情况，推动社工不断获得成长。

四、跟进社工成长

跟进社工成长与促进社工参与督导计划是同步进行的。在督导的全过程，督导者可以从以下细节上促进社工的成长。

一是始终坚持以为督导对象提供有效的社会工作专业指导为目标；

二是鼓励督导对象提出问题并探索解决方法，肯定社工对建设社工站、深化专业服务等方面的思考；

三是与督导对象分享实践经验和感受，与社工共同剖析已开展督导工作的经验；

四是及时回应督导对象的感受和情绪，给予社工必要的情绪支持；

五是督导结束后总结督导的事项和要点，进一步巩固督导效果。

在督导工作后期，督导者还可通过以下方式跟进社工成长，比如，总结督导过程中各个阶段的工作，总结督导对象的学习过程和成长过程；回顾督导对象的长处和弱点，帮助督导对象更加清晰地认识自我。

第三节　怎样处理社工站内部建设问题

乡镇（街道）社工站建设，包括场地建设、功能设置、形象展示、运营方式、组织架构等内容。通常来说，为规范社工站的运营、服务、管理，督导者可以发挥行政性功能，指导和协助社工站建立内部责任分工、工作例会、财务管理、档案管理、信息公开等一系列必要的管理制度。

一、厘清社工站内部建设需求

以湖南省为例，《湖南省基层社工站服务项目三年行动方案（2021—2023 年）》提出，到 2023 年末，建成覆盖全省的市级服务指导中心、县级社工总站、乡镇（街道）社工服务站和部分村（居）社工室的社会工作服务体系。即社工站应分为"市—区县—乡镇（街道）—村（居）"四个层级。不同层级的社工站职能职责各不相同，其内部建设需求也不同，需要督导者予以区别。

案例分享

张督导是 C 市市级社会工作服务指导中心的内部督导，同时也是 C 市下辖 Y 区社工总站聘请的外部督导，主要职责是指导市、区两级社会工作机构的建设工作。市级社会工作服务指导中心的内部建设分为两部分：一是建立和打造市级平台，促进平台自身的管理规范；二是基于市级社会工作服务指导中心在推动全市乡镇（街道）社工站项目建设的定位，促进平台的功能发挥。因此，从"对内管理"方面，张督导制订了市级社会工作服务指导中心的团队人员管理制度、薪酬制度、场地管理制度、财务管理制度、档案管理制度和相关工作规范化要求。在"对外指导"方面，张督导为市级社会工作服务指导中心规划了"监测、督导、传达、支持、总结"五项功能职责，并围绕功能职责搭建了全市社工站服务监测制度、督导制度、培训制度、互学互鉴制度、总结表彰制度等。

张督导对 Y 区社工总站的督导重点为：基于区县级社工总站的定位，指导 Y 区社工总站在运营过程中尽可能地发挥枢纽作用。因此，在"监测、督导、传达、支持、总结"五项功能职责基础上，张督导指导 Y 区社工总站新增了评估考核功能，协助设计了驻站社工职业道德准则、日常管理制度、监测检查制度、工作汇报制度、财务管理制度、运营评估制度等，为社工站建设提供制度规范。

通常来说，社工站建设需求可以从当地政府部门在推动社工站建设的相关政策要求中获取。以《四川省街道（乡镇）社会工作服务站建设导引(第一版)》为例，社工站的制度建设要求为：

街道社工站要以促进服务开展、保障服务安全、体现服务专业、激励服务品质、注重服务创新为目标，建立健全项目、督导、人员、场所和文书档案等管理制度，制订阶段性工作计划、具体的实施办法、规范的运行流程和工作标准。

（一）管理制度。以县（市、区）为单位建立系列管理制度，包含日常管理制度、信息收集与反馈制度、会议培训制度、项目管理制度、财务管理制度、档案管理制度、信息公开制度、绩效考核制度、服务监督制度等。

（二）工作制度。包括社会工作者专职服务、首问责任、调研会商、服务承诺、投诉处理等制度，以及需求发现与评估、社会力量动员、服务供需对接、绩效综合评价、工作统筹协调等机制。

（三）项目管理。街道社工站工作实行项目化管理。实施项目按照需求调研→项目设计→项目论证→项目实施→项目监测→绩效评估的流程进行。服务流程包括接案、预估、计划、介入、评估、结案。按照必要、高效的原则，分类制定个案工作、小组工作、社区工作规范，按照专项项目、服务对象、服务领域等维度建立规范化服务档案。

项目经费只能用于开展社会工作服务所需的食宿费、交通费、劳务费(含保险)，以及必需的印刷、宣传、办公等行政管理费用，不得用于支付水电费、物业费、装修改造费，不得用于购买电脑、打印机等固定资产。

（四）项目评价。以县（市、区）为单位建立系列项目评价制度，从服务质量标准、服务量及服务成果标准、专业服务标准、服务项目管理标准四个方面，考察评价服务设施、人员配备、服务内容、运行管理、服务满意度等内容。重点评估服务对象受益情况、本地社会组织培育、社会工作人才培养和服务工作的社会效益。

评估按照机构自评、实地评估的程序，分别进行中期评估和结项评估。街道社工站每月提交项目推进月简报，每年两次向县（市、区）民政部门报送自评报告。

因此，督导者要提前熟悉和了解当地政府部门对于社工站建设的标准和要求，对社工站建设的时代背景、基本定位、建设思路、基本要素、服务内容、主要特征、推进程序等要有系统的理解，要明确本区域社工站建设的经费标准、场地标准、人员标准、内容标准、评估标准等，对政策要求层面的掌握越具体越好，这样才能更好地指导社工站按照什么标准去执行，协助社工站完善各项制度建设。

二、明确制度建设的具体内容

不同层级的社工站在内部建设上有不少相同之处。归纳起来，以下制度通常是督导者可以协助建立和完善的。

一是建立内部责任分工制度。如明确社工站站长、副站长、项目主管、项目社工、站点联络员等责任分工和岗位职责，确保社工站有序运转、任务有效落实。

二是建立工作例会制度。定期召开工作例会，交流工作开展情况，解读相关政策，进行案例分析，协商解决问题，以及通过政策讲解、业务指导、经验分享等方式，组织驻站社工开展专业知识培训。

三是建立财务管理制度。要设立专项科目，实行资金专项管理，依法依规执行资金进出、项目经费收支、财务审核等制度，经费开支凭证及相关财务报表、经费预结算表及审核记录等应形成会计档案并长期保留。

四是建立档案管理制度。作为乡镇（街道）社工站和村（居）社会工作室，应完善包括个案、小组、社区服务、家访电访、服务对象建档、志愿者建档、服务需求调研、历年评估报告、社区地图、社区资源清单、历年项目奖惩情况、宣传资料、重大事件、会议材料、工作总结及其他具有保存价值的各种文字、图表、声像、电子数据等档案资料；作为市级社工总站和区县级社工总站，则应完善定期监测、评估、检查、走访、会议、督导、培训等资料，确保档案保存良好、内容齐全、真实有效。

　　五是建立宣传展示及信息公开制度。在办公室外墙或室外活动场地设立宣传栏，可运用视频、图册、案例等可视化的方式，宣传项目服务内容、服务计划、服务成效等。打造线上宣传平台，并借助各类新闻媒体和微信、微博等网络平台宣传、报道、推广服务成果与经验。定期公开工作进度、服务进展、经费使用情况以及服务成果等内容。

　　除此之外，督导者还可以指导社工站（含社工总站）单独或合并设置办公区、接待区、展示区、访谈室、活动室、档案室等服务、活动、辅助功能区，做到布局合理、装饰简洁、氛围舒适、利于开展服务，同时建立场地使用管理制度；各级社工站还可根据需要进行服务标准化流程等制度建设。

三、推进制度落地执行

　　制度的生命力在于执行。督导者的任务不仅在于指导社工站进行制度建设，还应推动社工站落实制度、完善制度，发挥制度作用。

　　一是提高督导权威。督导权威的建立需要依靠相关制度，要从制度上赋予社会工作督导人员在行政上的权威和责任。作为社工站督导者，无论是内部督导还是外部督导，都可以从行政管理体系上明确督导者的权威、地位。不过，督导者的权威从本质上说还是源于督导者自身的能力，能否"以才服人"是树立督导权威的关键。不同于其他行业的督导角色，在社会工作行业内，具备亲和力的督导者往往更受信赖，因而，"以德服人"也是树立督导权威的一个重要因素。此外，很多社工站外部督导是由当地民政部门直接聘请的，督导者本身对民政部门有建言献策、真实反馈督导对象问题和不足的责任，也就是"监督"的职责，这也是督导权威的一种体现。督导者具备了权威性，才能更好地督促社工落实督导要求，将相关制度真正落实到位。

　　二是压实个体责任。除了督导自身具备权威性，督导者还有什么途径可以推进内部建设呢？一种可行的途径是将内部建设的责任压实到每名督导对象的身上。社工人数比较多的站点，一般会设置站长、副站长、行政主管、项目主管等职务；因此，督导者可以根据每个人的岗位职责，将相关制度的推进、落实责任规划至每名社工的肩上。比如，作为社工站站长，需要对所有制度的执行情况负责；作为行政主管要严格按照办公场地管理制度、档案管理制度等开展工作。只有每名社工都明确了自己工作中需要遵守的制度规范，才算是实现了制度的有效运用。

三是强化结果运用。在现有的各级社工站考核评价体系中，内部建设是其中一项重要的考核内容。可以通过评估考核的指挥棒作用，强化评估结果运用，规范社工站内部建设。

第四节　其他常见问题

社工站督导除了以上常见的伦理困境辅导、专业技术支持、内部建设指导以外，还有资源链接、志愿者管理、专业文书写作、驻站社工情感支持等其他常见问题。

一、社工站地处偏远乡镇，怎么挖掘资源

每个地区都会有相对比较偏远的乡镇社工站，有的距离主城区上百千米，有的本身就是人口少、经济薄弱的地区。在这些人力资源、商业资源、慈善资源、社会组织资源都比较欠缺的地区，督导者如何指导社工站挖掘和整合资源呢？

案例分享

L 镇是中部某省会城市最偏远的乡镇之一，地处山区，经济比较落后。从镇政府到市政府的路程有 140 千米。虽行政区划上属于省会城市，但从镇上到市区既没有公共交通，也没有直达高速，交通十分不便。督导者前往 L 镇督导时，L 镇社工站社工提出了他们的苦恼：全市即将开展社工站中期评估考核，通过对比评价标准，社工发现 L 镇社工站在"五社联动""资源链接"等方面先天优势不足。不同于市区内的社工站拥有足够多的

企业、高校、社会组织、志愿团体等资源，L镇本身资源非常缺乏。目前全镇户籍人口2万人，但常住人口不足1.5万人，且以"三留守"人员为主，镇政府周边除了一所小学、一个卫生院和几排小商店再没有其他业态。在这种情况下，社工站可以从哪些途径去挖掘资源呢？

了解到社工的疑问后，督导者是这样回应的：挖掘资源是一个持续的过程，社工要具备"一双慧眼"：要用优势视角重新审视服务地区的人、文、地、产、景，深入走访、剖析和发现社区的人力资源、文化资源、服务场地、产业产品、自然景观。那么，在L镇还有什么资源是我们没有发现的，或者有什么是可以看成资源的呢？

于是，在督导者的带领下，社工开始进行头脑风暴：

"L镇虽然地处偏远，但山清水秀风景优美，可以打造L镇的形象名片。"

"这里留守妇女和老年人比较多，村民们大多淳朴又热心，他们大多有时间、有丰富的人生经验，乐于助人、吃苦耐劳。"

"这里是熟人社会，人与人之间非常熟悉，组织活动的时候一传十、十传百，很容易动员起来。"

"每个村里都有老年协会、妇联、幼儿园，是可以去走访联系起来的。"

"听说村里有几个在外开工厂的老板，是不是可以联系一下……"

督导者也适时加入进来讨论，提出资源不仅仅是眼前有什么，还可以看看有没有政策资源、外部资源等。比如，市慈善会每年都会有慈善助学、扶贫济困等项目，是否可以对接帮助有需要的对象申请？承接L镇社工站运营的机构自身也有资源，是不是可以请机构带领市区的志愿团队来L镇开展服务？

除此之外，督导者也提醒社工要学会用一双巧手来记录社区资源和绘制社区资源地图。在挖掘资源过程中，社工要制作资源汇总表；每一次走访、交谈、拜访和社区活动中，要把发现的合适资源进行分类分级记录，在管理方法上需要定期汇总、更新和共享资源汇总表。如此一来，便可以形成一份社工站自己的资源手册。

不过，督导者也提醒社工，发现资源和运用资源是两回事，如何把发掘到的资源真正链接过来并合理运用，如何保持长期良好的资源合作关系，都是学问。

比如，如何去拜访陌生的资源方？最好是能够提前通过第三人沟通联系，去之前先电话约一下拜访时间，注意仪表形象及谈吐；同时在沟通中要注意强调社工的服务可以带给对方什么，让对方愿意提供相应资源。

比如，去发动村（居）民做志愿者时，社工要注意语言形象、更"接地气"，用村民听得懂的表达方式，告诉他们成为志愿者后可以做些什么。

比如，与村里的老年协会等组织联系时，最好能先与村委会主任等人联系，请他们作为中间人牵线搭桥。

另外，资源的维护也非常重要。不是所有的资源都能保持在高频率的合作状态，如何让合作关系在使用频率较低时依然保持一定的熟悉度呢？一般来说，社工可以通过定期问候、每月活动推送、必要走访拜访等方式保持与资源方的联络，便于了解对方近期需求，寻求合作机会。

而对于志愿者资源，则还需要进行志愿者的管理、表彰等，确保志愿团队的活跃度。

总之，即便是地处偏远的乡镇，看上去资源、物产都不丰富的地区，也可以换个角度发现和链接资源。督导者要指导社工站用优势视角看待问题，从社会资源、正式资源、外部资源等不同角度发现并积极争取，达成链接资源目标。

二、新手社工不会写记录，怎么辅导

很多新手社工初入行业，遇到的一个难题便是写专业文案。目前很多社工站驻站社工要么非科班出身，要么没有太多实操经验，文书写作能力不高。对于社工来说，提高文书写作能力是非常迫切的一项需求，也是多数督导者在工作过程中关注的内容。

案例分享

王督导负责某县的社工站督导工作。在查阅各站点文档资料时，他看到社工们在写作上普遍存在以下问题。

1. 问题分析（活动背景）浮于表面，空话而不够实际、具体和细化。

2. 专业理论张冠李戴，应用生硬，甚至从头至尾运用"需求理论""社会支持网络理论"等"百搭"理论，不能理解理论的介入视角和方法实为问题解决的关键点。

3. 活动目标设置太"高大上"，一场活动根本无法达成。

4. 活动环节设置多余或缺失，不能为实现目标服务。

5. 活动整体逻辑缺失或混乱，"问题/需求→目标→实现手段与方法→评估"不连贯、不相关。

6. 活动形式确定先于问题分析与服务对象特征分析，拍脑袋想出来，不能产生实际效果。

于是，王督导为社工们开展了一次团体督导，内容为"活动计划书撰写指南"，希望通过系统梳理，帮助社工们了解专业写作的基本要求和技巧。

1. 如何进行背景分析

首先是要界定问题：面向的目标群体是哪些，存在什么问题。可以从感受性需要、表达性需要、规范性需要、比较性需要界定需要。

新手社工可以运用过往服务经验总结、年度调研数据、政府报告、日常服务收集情况等客观事实和数据来描述目标人群的需求，针对需求进行原因和问题的剖析。

2. 用什么理论进行分析

引用相关理论，指出问题可能导致的恶性结果。一个理论有很多观点，选取其中一个最符合本活动/小组的问题/需求的观点进行阐述。个案工作、小组工作、社区工作，均有相对应的理论模式。个案工作的模式有心理社会治疗模式、危机介入模式、理性情绪治疗模式、认知行为治疗模式、人本治疗模式、任务中心模式、家庭治疗模式；小组工作的模式有社会目标模式、互动模式、治疗模式、发展模式；社区工作的模式有地区发展模式、社区策划模式、社区照顾模式、社会行动模式。

作为社工站社工，一般会在建站之前规划好站点的主要服务领域，如老年人服务、儿童服务等，那么社工应该有意识地掌握相应的社会工作理论并运用在文书写作和服务实践中。如老年人领域常用的理论有角色理论、活动理论、社会化理论、符号互动理论等，青少年领域常用的理论有人际关系理论、心理社会理论、社会学习理论等。还有一些理论是每个领域都可能用到的，比如认知理论、行为主义理论、马斯洛需求层次理论、舒茨的人际需要理论、埃里克森的人格发展八阶段理论、社会支持网络理论、优势视角理论。每个理论的运用要具体问题具体分析，不能在项目中从头至尾都用同样的理论去指导实践活动。

3. 如何进行目标设定

新手社工在设定目标的时候比较困惑，难度过低没有挑战性，难度过高不容易实现。那么如何设定目标呢？

目标一般分为长期目标和短期目标。长期目标是希望能达到的长远效果，所谓长远，可以是几个月、三年，甚至是五年。短期目标则是指期望活动完成后的指定时间内，服务对象要达到什么改变。

4. 具体环节如何设置才能更好地达成目标

在进行活动计划时，要列出活动（小组）目标及其各个环节所需时间，备注好每个环节所需要的物资、文字资料、人员分工等。设置环节时，需要详细描述环节内容，比如社工、参与者的行为、需要用到的材料等，列举得越详细，越有助于活动（小组）的顺利开展。同时，环节要跟总目标相对应，比如目标是"通过活动（小组），80%的组员认识至少2个新伙伴"，那么每节活动（小组）的互动游戏环节，最好是围绕让组员相互认识、增进感情来设置。

5. 如何进行风险预估

很多新手社工都会写"如果参加服务对象少，则怎么样"。切记不要写招募难，招募的问题是在活动（小组）开始前就要解决的。风险预估针对的是活动（小组）开展中有可能遇到的突发情况，比如安全防范、秩序维持、物资中途破损、参与者挑战社工、参与者分享不顺利等问题，针对这些突发情况，思考并提出相对应的解决办法。

6. 经费预算怎么设置

在做经费预算时，需要结合活动的每个环节进行思考，哪些是活动道具，是必须要的；哪些是活动小礼品。如果是刚进驻的社区，需要一些小礼品吸引服务对象参与，可以预留部分经费购买小礼品；如果不是新社区，则不建议每个活动都设置小礼品，因为社工的活动不是以礼品吸引服务对象，而是通过针对服务对象的问题和需求设计的活动吸引他们参加。

以上内容辅导结束后，王督导又给社工们留了"作业"，要求按照所培训的 6 条方法撰写下一次的活动方案，半个月后验收。

半个月后，社工们陆陆续续交来了"作业"，可以看出进步已经比较大，计划书的前后逻辑基本能对应上，只是还存在思考不全面、理论方面比较生硬（活动设计与理论指导连接性不强）等问题。对此，王督导继续给予一对一批注修改。还有部分社工由于年龄比较大，吸收专业知识比较慢，文字写作的进步不明显。王督导建议社工站内部优化调整分工，在文字写作和活动执行上的工作分工依据社工特长有所侧重，以便更好地发挥各自的特长。

三、驻站社工出现职业倦怠，怎么辅导

在督导过程中，常常遇到社工反映自己对工作缺乏热情，负面情绪越来越多。尤其在部分乡镇（街道）社工站，很多社工觉得日常行政工作占用了大部分工作时间，且行政工作枯燥而成效不直接；有的社工表示，虽然做了很多专业服务，又感觉自己成为服务对象的情绪"垃圾桶"，便产生了倦怠情绪。

通常来说，督导中如果发现社工有以下表现，就要警惕是否出现了职业倦怠。

一是工作热情丧失。社工没有了之前的精气神，对工作的投入度降低，对近期工作缺乏规划。

二是工作态度消极。对周围的同事、服务对象、合作方以及其他工作相关事务态度冷淡且逐渐抽离。

三是工作流于形式。工作中出现差错的频率越来越高，甚至开始犯一些很明显的错误。

四是自我价值感降低。对自己工作的意义和价值评价下降，谈话中流露出对现状、对自身的不满。

那么，职业倦怠是如何产生的呢？督导者只有掌握了"因"才能"对症下药"。以下是有关职业倦怠形成的一些可能性因素。

一是工作内卷化、形式化。面对日复一日、繁冗复杂、按部就班的工作，社工感觉自己付出很多的努力，也没有太大的收益，工作热情与价值感逐渐下降。比如，社工在乡镇做有关救助政策的咨询解答和服务对象数据核对工作，每天坐在同一个位置，面对同样的问题，回答了无数次，容易让社工失去工作的热情与活力。

二是个人心力消耗过多。每天跟不同的人打交道，需要情感投入，感觉自己劳心劳力，不断地给别人提供帮助，而自己却得不到关心照顾。比如，社工向服务对象提供深入的个案服务，需要投入大量的时间与精力，多方走访和链接资源帮助服务对象，有时候即使付出了很多努力也收效甚微。如果社工自身不能及时自我调整或者获得督导者支持，也会导致职业倦怠。

三是期望管理有落差。社工自我期望与工作实际的情况存在差距，没有得到及时调整，而导致消极怠工。比如，驻站社工原本期望自己可以像专家一样提供专业的服务，实现专业价值，但是现实中却只能做一些行政琐事；又如，社工期望的薪酬和职业晋升节奏与实际存在差距，导致心理不平衡，无心工作。

四是受到工作环境与外界因素的影响。"人在情境中"理论指出，人受到所在环境压力和人们彼此冲突的影响和困扰。比如，社工站社工的工作环境是否舒适，与领导及同事的关系是否融洽，是否产生了自己是乡镇（街道）"编外人员"的认知，家人对他的支持程度、服务对象认可度、社会各界对社工的认同度等。

五是最深层次的冲突是价值观的冲突。比如，社工的个人价值观并不认可社会工作的专业及行业的价值观，或者与机构负责人、相关同事有价值观冲突。因此，社工工作起来十分不顺心，要么应付了事，要么选择离开。

那么，督导者应该怎样处理社工的职业倦怠呢？

案例分享

小谢入职某乡镇社工站一年多了，一年前刚毕业时他踌躇满志，对社工站工作充满向往，期待在岗位上发挥自己的专业价值。然而，在这一年里，他发现现实与理想有很大差别，每天做的工作好像跟专业没有多大关系。于是，他开始应付了事，逐渐感到失落与迷茫……

周督导得知小谢的心理状态后，立刻着手对他进行辅导。周督导主要通过以下三个方法来帮助小谢和跟他有相似想法的社工。

1. 个人督导

周督导认为，很多时候社工产生职业倦怠，是因为不能有效地获得成长。这并非其能力有问题，而是为自身所限。比如，小谢是因为始终在乡镇社工站的社工岗位上，对工作内容比较熟悉但又没有新的突破，导致自我效能感降低。

对此，周督导先是运用了"同理"技巧，回顾了自己职业生涯中的几次职业倦怠，让小谢意识到产生这种消极情绪是不可避免的，这几乎也是每名社工成长的必经之路。周督导用自己如何认识职业倦怠和如何处理职业倦怠的经历鼓励小谢。

除了适当的"自我暴露"，周督导还鼓励小谢积极参与团队、机构事务，如参加机构培训和例会等，增加与其他团队、机构的连接，获得集体归属感。同时，在督导过程中，周督导也向小谢提供一些利好政策信息，如职业晋升办法、政府人才扶持政策等，提升小谢对行业发展的信心。

2. 团体督导

根据前期督导的观察，周督导看到不仅小谢一人有比较低落的情绪，社工站其他成员以及督导的其他社工站的社工都有一些职业倦怠感，整体团队氛围都比较消极。为此，周督导确定每月开展一次团体督导。在工作协调上，针对不同社工的能力和积极性，采用情境式领导法实施不同的督导策略，为社工分配不同程度和性质的工作内容和服务要求。在督导过程中提出，希望团队成员能够不断相互鼓励，学会不带情绪高效率地完成工作，使团队氛围更加富有正能量，青春有活力。督导会上，社工各自简述每月工作情况后，周督导每次都积极地表扬团队中的每个社工，对他们的付出给予肯定。同时在督导过程中，通过鼓励、正向的表达，营造轻松愉快的督导氛围。

3. 团建

团建的目的在于发挥团队的凝聚力，释放工作的压力，疏解情绪。周督导将驻站社工普遍集体归属感不强、团队向心力和凝聚力不足等情况向县级社工总站和社工站承接机构进行了反馈，建议社工总站通过举办社工茶话会等方式让社工有一个敞开心扉、疏解情绪、互相支持的机会；建议机构通过举办团建活动来密切不同站点之间员工的联络，通过放松活动来疏解驻站社工的工作压力。通过这些工作之外的活动，推动团队内部释放压力，形成解压互助团体。

通过周督导的努力，小谢终于又恢复了往日的活力。他说，既重新看到了社工这份工作的意义，又感受到了督导、机构和总站对社工的关心，而作为年轻人，沉下心历练自己也是一段非常宝贵的经历，下一步，他的职业规划是，积极考取社工证书，在机构内成为社工站的片区负责人，以后再慢慢成为一名社会工作督导。

四、社工希望提升与政府部门的对话能力，怎样指导

在政府购买服务开展专业社会工作项目模式下，政府作为资源方，显然拥有天然的"权力优势"。虽然当地乡镇（街道）并非直接购买方，而是"合作方"，但驻站社工日常工作始终处于当地乡镇（街道）管理下，难免会有"势单力薄"之感，有的驻站社工还会把自己称为"打杂人员"，

认为自己既不能融入乡镇（街道），又没有平等对话的条件。

那么如何在权力存在天然差异的情况下，指导社工与政府部门开展有效的沟通对话呢？

案例分享

社工小刘在乡镇社工站已经工作两年了，最近，机构负责人了解到小刘所在的乡镇被列入全市乡村振兴示范点建设名单，机构负责人要求小刘先与乡镇的相关负责人洽谈关于社工站融入乡村振兴的整体战略规划。小刘找到督导，请求协助，他说："这两年我在乡镇的角色都是协助社会事务办处理日常工作，我感觉自己就是一个外聘人员，虽然工资不是乡镇发，但事情都是他们（领导）安排，我已经习惯了这种上下级关系。现在机构要我去跟副镇长谈社工站融入乡村振兴，我心里没底，也不知道怎么开口。要去正式会谈了我才发现一直没把自己当成乡镇的'合作方'。"

了解到小刘的苦恼和需求，督导者从以下几方面给予小刘启示。

首先，保持好奇心，敢于提问，获得基本认识。与政府领导交往时，对于自己不熟悉的工作都可以保持谦虚的态度向他们请教。一般来说，工作方面不涉及保密规定内容的，政府领导是很愿意解答的。一来二去多问几次，就形成了较为熟悉的关系。比如，有关乡镇被列入乡村振兴建设示范点的事，可以先询问乡镇办公室的有关负责人，了解建设要求和建设标准。

其次，找准定位。"找准定位"对于社工来说非常重要。"退一步"提供专业支持，往往比"和政府部门争夺主导权"更能够发挥出社工的专业性。社工的优势在于提供专业性的策略思路和解决方法，而不是制定目标。因此，在了解到乡镇有关乡村振兴的发展目标和建设标准后，社工可以思考有什么途径参与协助。

再次，提出方案。社工可以对比建设要求、建设标准，仔细梳理目前还应攻克的重点难点问题，从解决问题的角度思考策略。从中央的有关政策文件中可以了解到，乡村振兴的总要求是"产业兴旺、生态宜居、乡风文明、治理有效、生活富裕"，要"推进农村经济建设、政治建设、文化建设、社会建设、生态文明建设和党的建设，加快推进乡村治理体系和治理能力现代化，加快推进农业农村现代化"。社工就可以寻找到切入点——如"乡风文明""治理有效"的要求，社工可以通过社区工作来参与。

最后，明确沟通。在做好各项准备工作后，社工便可以带着一份完整的方案去跟相关负责人进行沟通了。在正式沟通中，如果社工和机构有相关工作经验，那么将以往的工作成果一起呈现出来，会更容易打动对方。不要期望第一次沟通后就形成合作，一般需要经过反复的商讨。因此，社工要摆正心态。有效沟通的基础，在于双方具有解决问题的心态和愿望；只有目标一致，才能共同设计出解决问题的路径和方法。

同时，督导者考虑到小刘长期在乡镇工作，已经形成了比较固定的沟通模式，很难快速从"上下级"模式变成"合作"模式，因此，由社工站的承接机构负责人出面，小刘作为辅助，沟通效果可能更佳。督导者主动提出，在需要的情况下，也可以陪同参与相关沟通协调。

第6章

督导工作第四步：评估成效

社会工作评估涉及多个利益相关主体，它们均希望从社会服务中获得特定的收益，不同利益相关者对成效的内涵有着不同的追求和理解。例如，社会工作专业视角下的成效主要是强调服务对象在接受方案服务的过程中或之后，所产生的改变程度，甚至是较长远的影响，这些改变包括行为、技能、知识、态度、价值观或其他维度的改变。然而，服务购买方视角下的成效则会更关注服务投入与产出是否具有一定的经济和社会效益。

不同的评估取向有着不同的评估时间以及重点，社会工作实务领域的评估既有项目执行前的需求与可行性评估，也有项目执行的过程评估与形成性评估，还有关注项目执行后的成效与影响性评估。不同的评估主体和所采用的方法也对成效的测量提出较大的挑战。为此，本章主要围绕在督导工作中由谁来评估督导服务的成效、采用怎样的方法进行评估以及督导服务成效可能的体现而展开。

第一节　由谁评估督导成效

在政府购买社会服务背景下，督导成效的评估通常涉及四类主体：作为出资方的政府部门、作为供方的社会组织、作为需方的督导对象以及作为第三方的评估机构。这些主体作为不同的利益相关方，对社会服务有着不同的诉求与立场，比如，政府部门希望通过购买社会服务来满足民众需求、优化社会治理、提升居民对政府的满意度等；社会组织希望通过提供社会服务维持组织生存、实现组织价值等；督导对象希望实现社会参与、满足需求和解决问题等；第三方评估机构则希望在不受其他利益相关者影响的基础上，维持一定的独立性，借助评估的专业知识，以一种外在的、相对客观的姿态对服务进行评价。

在评估督导成效时，这些主体的不同立场也影响着对督导成效评估时所关注的重点。为更好地阐述成效的多重含义，本章将借鉴美国联合劝募协会的"成效导向的逻辑模式"框架，其基本的思考逻辑为：首先，确认"谁"（指服务对象）在经历什么问题、有哪些需求，然后思考方案能回应服务对象哪些层面的问题与需求，以及我们希望达到的理想结果；其次，思考达到理想的结果可采取的策略与方法，以及所需投入的资源；最后，思考如何评估方案投入后服务对象所产生的改变，包括计算服务的产出、了解所提供的服务是否或如何使服务对象产生改变，以及产生哪些改变。在这一系列的社会服务设计与评估过程中，每个环节之间具有前后关联。

从这个框架看，成效可以进一步被拆分为效率、品质和效益三个彼此相关又不同的维度，其中：效率侧重比较输入与服务产出，在评估中关注服务的产出量；品质侧重在服务产出的基础上关注产出的质量，特别是符合一定标准的服务质量；效益则侧重在服务品质的基础上，关注有品质的那部分服务所带来的改变以及影响，也是社会服务方案中最高的考核维度。三者之间的关系如图6-1所示。

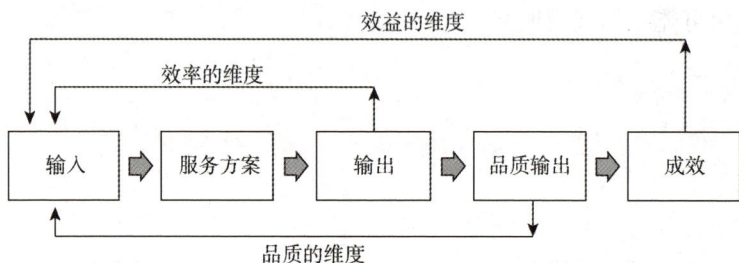

图6-1　逻辑模式下的成效维度

一、作为需方的督导对象

作为督导服务的需求方，督导对象是督导服务的直接使用者。从督导对象的角度来评估督导服务成效，主要包括以下两个方面。

一方面，考察督导服务产出。主要是评估督导服务执行过程中所产生的各项服务总量，并将这些服务产出与督导协议约定的产出任务指标进行比较，例如个案督导、现场督导、团体督导、工作坊等的"内容"、"数量"和"频率"等。

另一方面，在服务产出的基础上，考察督导对象因获得督导服务所发生的改变。然而，由于督导过程存在太多不可控因素，以及督导对象本身可能在督导之外出现的自发改变，导致从这一角度考察督导的成效在实践中变得极具挑战。一般而言，在实务中，通常关注督导对象接受督导服务后在知识、态度、行为、状态等方面的改变（见表6-1）。督导成效可以区分为短期、中期和长期三种。其中，短期成效是督导对象最先达成的结果，通常是督导对象工作态度、知识和技能上的成长和进步；中期成效通常是督导对象在行为、能力上的变化；长期成效则是督导服务的终极目标，是督导对象在社会工作使命、价值观、职业生涯等层面的改变。

然而，正如督导中需要面对不平等的权力关系一样，从督导对象的角度对督导进行评估时，可能会被督导过程中的权力关系"绑架"而扭曲评估的结果。并且，与西方社会工作实践所不同的是，中国传统文化里的"面子"因素也将影响督导对象对督导服务成效评估的客观和深入。

表6-1　督导对象的评估维度

	知识	态度	行为	状态
短期成效				
中期成效				
长期成效				

二、作为供方的社会组织

从组织看，督导者是一线社工与机构管理者的"缓冲器"，因此，也有必要从组织的视角评估督导的成效。一般来讲，组织层面的成效评估侧重关注组织架构、服务流程是否有瑕疵，是否可以确保组织的项目能实现服务目标，即不仅关注服务的产出，也关注服务的品质。品质维度的成效评估多从两个角度进行：一是符合某种品质标准的输出；二是服务对象的满意度。

实务中，从组织视角评估督导服务成效主要集中于两个方面。

第一，将督导成效与机构管理及社工工作表现结合起来，侧重评估督导服务对机构的组织架构、服务能力、组织管理与绩效、组织影响力的贡献。这些反映在与品质密切相关的机构服务专业水平与管理规范上，例如，机构执行社会组织财务管理制度的稳健性和规范性、机构内部管理流程的效率和规范性、机构员工的成长与稳定性、机构在行业的地位和服务地区覆盖率、服务对象对机构的认可、机构所获得的荣誉与权威认证等。

在督导评估实践中，将督导评估作为机构人事管理和行政管理的一种方法，有的机构以此为出发点，将督导评估与机构评优、绩效考核等直接挂钩，并据此决定是否聘用及其薪酬等。

第二，将督导服务成效与所督导的项目结合起来，在项目具体产出的基础上关注这些服务产出的品质，以此评估督导服务对项目规划、过程监控以及品质输出的贡献。

综上，服务产出聚焦督导对于协议目标的达成程度，而品质进一步关注这些服务产出的专业水平与质效，例如，督导者自身的专业资质；项目社工的专业资历及稳定性；项目设计采用的理论框架是否适合；项目内容所体现的社会工作专业性；项目采用的社会工作介入方法的专业性和适用性；项目执行过程中文档记录的专业性和规范性；项目的资源链接与宣传影响力；项目执行过程是否符合社会工作专业态度、规范、伦理守则；尽管服务对象的满意度并不完全等同于服务成效，却又是专业服务品质的一个表现维度；项目执行过程中与合作方的沟通；等等。

三、作为出资方的政府部门

在政府购买服务的行业发展模式下，作为出资方的政府部门在评估成效时，既关注服务使用者或需求者是否获得具有一定品质的服务，更关注服务经费是否配置在所期待的目标上，以及社会和经济效益产出与经费成本的相关测算，包括成本效率评估、成本效能评估和成本效益评估。

成本效率（cost efficiency）评估。通过将社会服务项目的各项服务产出与整体的项目成本进行比较，以"最低成本获得最大服务输出"为原则，计算出在项目周期内各项服务产出单位成本的高低，进而寻求最低的服务成本。

$$成本效率 = \frac{服务资源或成本}{服务输出或产出}$$

成本效能（cost effectiveness）评估。通常只针对从项目中获得"正向结果或达成目标"的服务对象数量来计算单位成本，而非像成本效率评估采用所有项目服务产出。成本效能评估关注每一达成服务目标的服务单位成本，其目的在于探讨在相同服务资源输入下，项目目标达成的程度，并以此判断不同项目的优缺点，以及通过项目之间效能的比较，作为后续改善资源配置的参考。这种方法对于服务产出或项目内容无法直接用金钱衡量的社会服务项目尤其合适，易于从众多方案中选出以最小成本达成目标的方案。

$$成本效能 = \frac{服务资源或成本}{服务成效的输出或产出}$$

成本效益（cost benefit）评估。在成本效能评估的基础上，将各可行的服务项目成本效能进一步转换为货币价值，以此判断各个服务项目之间的比较价值，为决策者提供更好的参考依据。其计算步骤包括：首先，列明目标并将目标的达成转换为货币价值；其次，预测目标达成程度，决定或估算成本；再次，计算与支出有关的相关比值；最后，比较在相同的服务资源投入下，哪一种项目方案更符合经济效率的要求。

案例分享

表6-2　某社会服务项目的成本效益测算

项目	2008 年	2009 年	2010 年	2008—2010 年
购买服务机构数量（个）	22	21	22	23
政府购买金额（A）	5379	4834	4746	14959

续表

项目	2008 年	2009 年	2010 年	2008—2010 年
服务人次（B）	1890	1764	1733	5387
单位成本（A）/（B）	2.85	2.74	2.74	2.78
项目所创造总金额（C）	9149	8252	8801	26202
项目整体社会净效益 （C）-（A）	3770	3418	4055	11243
平均每位参与者社会净效益 [（C）-（A）]/（B）	1.99	1.94	2.34	2.09
社会效益比（C）/（A）	1.701	1.707	1.854	1.751

注：表中金额、成本、社会净效益均以万元为单位。

四、作为第三方的评估机构

除了上述评估主体外，第三方评估机构也可能成为评估督导服务成效的主体，它们是指行业协会、督导专委会、其他受委托的社会组织等。政府与第三方机构之间的关系是"委托-代理"关系，在评估中引入第三方评估机构，可以借助第三方的独立性和专业性提升评估的客观性和公正性，避免政府在发展社会工作服务中"既当运动员，又当裁判员"，既可以让委托方以合适的方式知道项目开展情况，也可以帮助代理方避免在项目开展中的诸多困境。

在评估实践中，第三方评估机构既可能采用上述"成效导向的逻辑模式"，亦可能采用甚至开发其他评估体系。例如，有的第三方评估机构采用"影响力评估"，考察项目执行结束后，其所产生的服务成效的长期累积效果或对所遇问题的影响程度，甚至还有一些第三方机构尝试将社会服务投入所产生的影响进一步测算为社会投资报酬。

然而，由于第三方评估机构的注册、运作资金、办公场地、服务设施等大多源自政府支持，因而导致其对政府部门具有一定的依附性。在这种不平衡关系中，第三方评估机构的独立性、客观性以及专业性受到一定的影响，实践中要注意防止出现第三方评估机构"评估失灵"的情况。

第二节　怎样评估督导成效

　　在进行评估前，评估者应与决策者就评估对象、评估内容、评估类型、工作时限、工作团队等达成初步共识。在此基础上，评估者进一步规划评估方案，明确成效评估的目的与范围，开展评估资料的收集，并进行自我反思、基线测量、问卷测评、访谈测评等工作。

　　评估资料可分为定量资料和定性资料。定量资料以数字为表现形态；而定性资料以文本或图像为表现形态。不同类型资料对于回答不同类型的评估问题有各自的优势与劣势。例如，定量资料相对客观，具有一定的可复制性，适合回答"是多少""怎么样"的问题，在对问题的影响变量之间关系的探讨上具有显著的优势；而定性资料相对抽象，需要结合脉络和情境，适合回答"为什么"的问题，在对问题的形象描述和解释上具有优势。不同类型的资料应选择适宜的工具来收集。表6-3 展示了四种不同的资料收集工具与方法及其优势与挑战。

表 6-3　不同资料类型收集工具与方法及其优势与挑战

资料类型	收集工具与方法	优势与挑战
定量资料	借鉴现有量表	现有量表易于获得，具有高度的信度和效度，但需要注意情境的适用性
	自行设计问卷或量表	更符合研究需要，但需花费更多时间和精力，信度和效度不确定
定性资料	深度访谈	可以获得受访者的主观感受方面的资料，但受访者容易受访谈者和访谈情境的影响
	焦点小组	可以在团体活动中引导参与者深入讨论，但面临缺乏代表性、团体从众或"团体盲思"的挑战，资料分析费时费力

此外，在服务开展过程中会沉淀一系列服务过程资料，如服务需求评估报告、工作日志、会议记录、服务文书等，评估者应根据评估需要从中收集资料，并考虑由谁（who）、在何时（when）、在何处（where）通过怎样的方式（how）收集资料，如表6-4所示。

表6-4　成效资料的收集

成效指标	How 方法和工具	Who	When	Where
		程序（procedures）		
		谁负责提供资料，谁负责收集	在项目的哪个时间点收集资料，收集资料的频率、次数	在什么地方收集资料

一、自我反思

在评估者收集的资料中，督导者的自我反思资料是不能忽视的一项。督导过程的开展依赖督导者与督导对象之间的密切互动。无论这种互动模式是发展取向还是成长取向，实际上都期待督导对象在督导过程中能够掌握专业实务技巧和实现自我发展。督导者的自我反思是重要的一手资料。

督导过程包含两个系统：一是服务对象与督导对象的助人系统；二是督导对象与督导者的督导系统。两个系统之间相互牵连与影响，督导者应兼顾督导对象的专业成长与受助者的福祉权益。成为一位好的督导者不仅要定期评估督导对象的工作表现，也要持续地反思自己身为督导者做了什么，以及是如何做的。这种"自我觉察"是有效督导的重要一环，它以督导者自我内在经验核心为特点，包含了督导者个人成长过程的记忆、学习、思考和累积下来的世界观以及反应模式。以上也是督导者自我反思的重要内容。

尽管服务对象不是以直接的方式存在于督导关系中，但是服务对象的成长是督导的目标之一。

第一，在与督导对象建立督导关系时，督导者需要意识到督导对象带着服务对象的问题及与服务对象的互动进入督导，是一个"带着服务对象故事的督导对象"。

第二，在与督导对象互动时，督导者以服务对象的问题为素材，辅以督导者的示范与觉察，协助督导对象自我觉察的提升。

第三，在督导服务完成后，督导对象得以增进自我专业能力，改善与服务对象的关系和提高自身服务品质，进而实现服务成效。

可以说，在督导过程的每个阶段，督导者的自我觉察均扮演着重要的角色。为此，在督导成效评估资料收集中，可以借鉴表 6-5 获得督导者的自我反思。

表 6-5　督导者的自我反思

维度	内容	需要改进	有能力	超级好
知识	1. 了解督导的目的			
	2. 清楚督导的界限			
	3. 了解行政、教育和支持的功能			
	4. 知道各种不同的督导协议			
管理技巧	1. 向督导对象解释督导的目的			
	2. 建立一个双方同意的协议			
	3. 掌握适宜的界限			
	4. 营造一种具有同理心、真诚、前后态度一致、值得信赖、立即回应的督导气氛			
	5. 维持行政、教育和支持平衡			
	6. 准时且适当地结束督导会谈			

维度	内容	需要改进	有能力	超级好
干预技巧	1. 运用描述、提供信息、对质、鼓励、支持等技巧			
	2. 给予的回馈是清楚的、是自己的意见、是平衡且特殊具体的意见			
	3. 回应的意见是针对督导对象报告的内容、服务对象的问题以及督导关系			
	4. 描述自己的工作方式			
	5. 适当地提供自身经验			
	6. 发展自我的督导技巧			
个人特质	1. 对督导角色的承诺			
	2. 因督导角色的权威而自在			
	3. 鼓励、激发动机,乐观、开朗			
	4. 对督导对象的需求敏感			
	5. 对个别差异(性别、年龄、民族、个性、专业训练等)敏感			
	6. 有幽默感			
自我成长	1. 确信自己有适当的督导行为			
	2. 在实务和知识技能上继续成长			
	3. 体察自己作为督导的优缺点			
	4. 定期从督导对象、同事以及资深工作者处得到回馈			
团体督导	1. 具备团体动力学的相关知识			
	2. 运用团体的过程协助督导			
	3. 妥善处理团体中的竞争			

续表

维度	内容	需要改进	有能力	超级好
组织督导	1. 督导专业间的议题			
	2. 督导组织间的议题			
	3. 具备小组和组织发展的知识			
	4. 将组织中潜在的文化议题公开处理			
	5. 协助组织的改变			
	6. 创造一种学习的风气			

资料来源：Hawkins & Shohet，1992.

二、基线测量

对成效的测量一般采取随机控制实验；结合社会服务现实条件，通常采用 AB 设计的方式评估项目介入成效。一个典型的 AB 设计如图 6-2 所示。

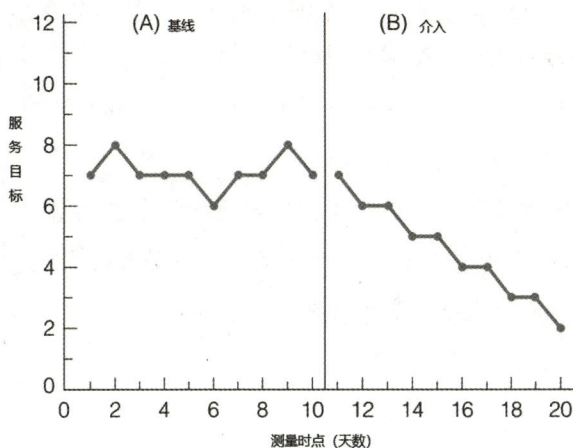

图 6-2 服务成效评估的 AB 设计

这一方法的核心假设是，将服务对象视为控制组，在介入开始前对服务对象的状况进行多次测量，建立一个基准作为对介入效果进行衡量的标准基线，如图 6-2 中的 A 段；在服务介入（图 6-2 中的竖线）或结束后，再次对服务对象的状况进行多次测量（图 6-2 中的 B 段），通过比较介入前后服务对象的变化差异评估介入服务的成效。

一个标准的 AB 设计，包括一个基线阶段（A）和一个介入阶段（B）。在此基础上，AB 设计可以衍生出诸多变化形态，如在标准 AB 设计基础上增加第二个基线和介入的 ABAB 设计、不止一个基线的多元基线 $A_1A_2A_3B$ 设计、不止一个介入的多元成分 $AB_1B_2B_3$ 设计，以及没有基线阶段仅有介入的 B 和 B+设计等。

标准的 AB 设计的步骤包括：

第一，确定介入目标。例如，服务对象行为、思想、感觉、社会关系或社会环境的变化等，在明确目标的基础上设计出相应的测量指标。

第二，针对上述测量指标，选择适宜的测量方法。例如，直接观察、既存资料、访谈或使用标准化问卷量表等。为了提高测量的准确性，进行三角验证，宜对同一个目标采用一种以上的测量方式或工具。

第三，测量并记录目标行为，建立基线。测量者可以是实务工作者，也可以是服务对象或重要他人（老师、父母、亲密朋友等），测量的记录可以是目标行为的频率、持续时间或强度等。

第四，在基线建立后，对服务对象实施介入，并对基线调查中所测量的各项目标行为和指标进行再测量。

第五，分析和比较。将基线期和介入期的数据按测量时间和顺序制成图表，将每个时期的数据资料进行连接，呈现数据变化的轨迹和变化趋势，并将基线期和介入期的数据基线进行对比。

案例分享

"为明天" 儿童餐食教育蓝色计划项目服务成效（部分）

1. 在儿童营养健康知识知晓率方面

项目启动前，针对基础营养、食物、餐桌礼仪、饮食文化等知识对家长和孩子进行调查，满分 40 分，实际平均分仅为 11.54 分，成绩不容乐观。其中，知晓"食物分类""健康餐盘"相关知识的比率为 25.6%。

项目启动后，针对基础营养、食物、餐桌礼仪、饮食文化等知识对家长和孩子进行调查，正确率平均可达到 87.5%，食物相关知识题目的正确率可达到 100%，说明项目第一阶段知识传递的成效良好。

2. 在亲子关系促进方面

项目启动前，70% 以上的家长和孩子进行餐食方面的互动（包括阅读、采购、餐食制作、话题讨论等）不足 15 分钟。

项目启动后，超过 90% 的亲子互动的时长有所增加，少则 15～30 分钟，多则可达 1.5 小时以上，说明项目为亲子互动提供了很好的素材和话题，也改善了亲子关系。

三、问卷测评

社会工作服务对象通常涉及较广泛的群体，在面对这种数量规模较大而难以直接观察获得资料的情况时，使用问卷调查法具有一定的优势。

问卷调查适用于解释性和探索性的研究目的，其核心逻辑在于：从大规模总体中抽取一定比例的随机样本；谨慎设计标准化工具，能够让所有受访者以相同的格式回答，从而取得标准化资料。与实验研究相比，尽管问卷调查不能完全确认变量之间的因果关系，却可以探索多个变量之间的影响趋势，并通过对样本数据的分析将研究结论在一定程度上推广到更广泛的群体。

督导服务成效问卷调查的基本流程与步骤如图 6-3 所示。

第一，确定测量督导服务成效的指标。例如，服务对象行为、思想、感觉、社会关系或社会环境的变化等，在明确目标的基础上设计出相应的测量指标。

第二，将督导服务成效指标进一步操作化为在现实中具体可测量的一系列问题。考虑问卷的整体结构、问题之间的逻辑关系，设计初步的问卷，并进行前期试调查，然后修改优化完善，形成最终的问卷。

第三，考虑总体的特征以及时间、人员等条件，设计具体的抽样方案。

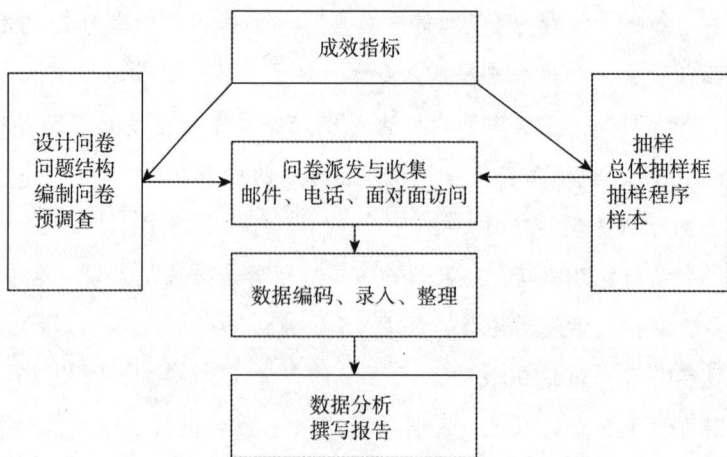

図 6-3　督导服务成效问卷调查基本流程与步骤

第四，针对所抽中的样本，确定问卷派发与数据收集的方式。

第五，对收集的数据进行编码、录入、整理。

第六，进行数据分析与报告撰写。

实务中，上述每一步骤对社工或评估者来说都可能面临一定的挑战。

首先，在服务成效指标及其操作化的问题上，普遍的做法是调查服务对象的满意度；然而，满意度不完全等同于服务成效，如果一项服务仅能让服务对象满意而不能带来实质的改变，那么该服务的成效实际上无从谈起。

其次，在抽样与数据收集上，普遍的做法是将所设计的问卷让参与服务的对象填写，比如将所设计的问卷电子化，通过微信或线上的方式邀请服务对象填写；然而，这种操作缺乏对总体的明确界定，不一定能获得一个有代表性的随机样本，所得到的数据可能是偏离总体的样本，只是代表了总体中那些可能会使用网络且愿意回答线上问卷的服务使用者，大多数可能比平均的样本较为年轻、富裕、教育水平高。这种偏差对社会工作本应关注的困难群体所产生的影响尤为突出。

总的来看，在利用问卷进行服务成效评估时，评估者要意识到问卷调查在信度上比较理想等优势，还应考虑到其效度相对较弱，问卷答案可能存有局限性，答案本身的意义必须放在其所处的脉络中进行讨论，即问卷仍然无法处理社会生活的脉络和细节，特别是很难触及有关受访者的想法，以及其行为在生活环境中的丰富含义。

四、访谈测评

访谈法适用于探索和深度解释性研究，特别是那些内涵丰富却无法通过数字描述的现象，其优势在于通过深度的访谈互动，探究现象在社会自然情境下的深层意义。

访谈法既可以独立使用，也可以与问卷等定量方法结合使用。与定量方法的逻辑相比，访谈法不需要前期拟定答案选项，立场更加开放，通过不断的访谈与此前的分析结论进行对比与修正，获得对评估指标的判断。如此循环往复，直至研究结束。

在与其他方法结合时，访谈法利于对目标问题进行更开放的探索，有助于发展定量测量，以及澄清定量研究的变量、关系、假设等。可以通过同时收集定性资料与定量数据，实现彼此验证；也可以在定量研究的基础上进行深度解释，以更好地理解定量研究结果。

就督导服务成效评估来讲，访谈法可以通过访谈与督导相关的重要他人，了解督导服务的哪部分有效或无效并同时找到原因。此外，通过访谈了解发生在基线阶段或介入阶段的外部事件，将这些事件与问卷或基线调查结合起来，有利于将督导服务及其成效置于其所处的社会环境和情境脉络中达到更深程度的理解。

访谈法的实施步骤如下。

第一，前期准备。根据评估的目标，选择适当的访谈方法，设计并熟悉初步的访谈提纲；准备常用的访谈工具（如照相机、录像机、录音机、纸张文具等）。

第二，确定访谈对象。与定量问卷所强调的抽样不同，访谈对象的选择不强调随机性，而是从评估目标出发，遵从立意性和目的性原则，通过不断的比较选择把提供最大信息者作为备选访谈对象。与督导服务相关的潜在访谈对象包括：所督导的一线社工、机构负责人及相关人员、上级督导、同级不同领域督导、购买方、行业协会、与督导项目或服务相关的服务对象及社会人士等。在评估前可以从中确定 1~2 位作为初步的访谈对象，在访谈了第一位对象后，评估者应根据访谈所获得的信息，进一步判断还需要收集哪些信息以更好地了解督导成效，进而从潜在的对象中确定第二位访谈对象，以此循环往复，尽可能涵盖所有不同类型的对象，直到评估者认为已经获得足够信息。

第三，拟定访谈程序。在初步选定访谈对象后，评估者应获得受访者同意，并就访谈的时间和地点等达成一致。访谈应尽量在受访者认为适宜、安全与相对安静的环境下进行，在访谈开始前也应对受访者的基本情况作初步的了解与熟悉。

第四，实施访谈。作为高度互动和情境化的过程，如何实施高效访谈似乎很难有统一的标准与规范，所有的经验可能最终变成"视情况而定"。一般而言，应注意以下几点。

首先，访问者的提问最好是开放式的问题，诸如是什么、为什么、怎么样，要尽量避免判断式的封闭问题以及提问的引导性，不能有强烈的预设与暗示。比如，就督导服务成效向社工提问：督导者的服务对你来说还是很有用的吧？在提问的顺序上，一般应从相对宽泛的问题逐步转为具体和聚焦的问题，尽可能从这些问题中引出受访者的经验、原因、感受、意义和评价。

其次，在提问后，评估者尽可能"扮演"一个倾听者，表现出对受访者的重视、接纳、理解，让受访者自己讲述一个完整的故事。倾听的姿态既可以通过如目光、点头等表情自然地呈现，也可以通过诸如认可、赞扬、自我暴露、重组与总结等呈现。

最后，当被访者谈论完一个话题之后，访问者可以对一些需要更加明确的细节信息进行跟进与追问，或者就受访者所讲的进行总结或澄清，并转换至下一个新的话题。

第五，访谈记录。对于访谈的记录，有当场记录与事后记录两种，彼此各有优缺点。一般而言，在访谈结束后，尽可能在最短的时间内将访谈内容以及访谈过程中观察到的现象和行为进行记录。因为访谈过程中的非语言细节，比如沉默、停顿、表情变化、肢体动作等，在后续分析中都有非常丰富的隐含意义。

　　总体而言，进行督导服务成效评估，应根据主体、客体、环境等因素选择合适的方法；资料收集工具的选择以及相应的评估方法设计均为评估成效的工具，本身也并无高低差别。无论是督导者的自我反思，还是采用定量的基线调查和问卷测评，抑或质性的访谈，所获得的资料都有其自身的适用范围。一旦评估者作出相应的选择后，需要意识到该方法的优势及其可能面对的挑战。此外，评估者自身的背景（如性别、年龄、种族、身份）、个人经历以及专业信仰等也会对评估设计造成影响，所以在评估过程中应尽可能将这些潜在因素的影响降到最低。

第 7 章

社工站的督导秘籍

督导的方法比较多，本章重点叙述面谈、观察、选择三种了解督导需求的技巧，同感、分享感受、提问等几种开展话题的技巧，以及回顾、总结、展望三种结束话题的技巧。

第一节　了解督导需求的技巧

社工站督导工作要以"需求为本"，全面准确把握督导需求是社工站督导中最为基础、最为关键的任务。主要包括：把握站点整体督导需求；聚焦社工个人成长，进行常态化的需求收集；挖掘督导对象的共性需求，找出固定督导议题；通过各类专业表单进行动态的需求把握。只有精准把握督导需求，才能实现提供高质量的、精准的督导服务的目标。在了解督导需求的众多技巧中，面谈法、观察法、选择法是最常用的技巧。

一、面谈法

面谈是指社工站督导者与督导对象进行面对面的、以了解其需求为目的的谈话形式。获取督导对象需求时，最好的资料来自督导对象本身。需求面谈是非常锻炼人的，一定要重视和把握好每一次督导需求面谈的机会，提前做好充分准备。

（一）面谈流程

1. 准备阶段

前期准备阶段对于需求面谈结果有重要影响。准备阶段可以从以下四个关键点出发。

一是明确目标。明确本次需求面谈目标，并将目标写出来征求多方意见来确认。

二是查阅资料。基于目标做面谈前的资料准备，认真查阅相关资料，并做好记录。例如社工站进驻情况、人员信息等。

三是梳理问题。把在查阅相关资料过程中发现的问题记录下来，在正式面谈过程中提出来。这一步非常重要，不仅能够收集关键信息，而且能够给对方传递出对本次需求面谈以及对他本人的重视，有助于后续面谈工作的有效推进。

四是拟定大纲。根据关键问题梳理面谈大纲，即面谈议题和相关议题所涉及的材料；确定议题后，督导者提前告知督导对象本次面谈的几项议题。双方同时进行准备。

2. 面谈阶段

所有的沟通策略都是以督导对象为中心实施的。多采用开放式问题可以更全面地了解督导对象的真实需求，从而真正地帮助督导对象解决问题。谈话一般如下进行：

一是破冰。进入面谈阶段，督导者可先进行短暂铺垫，作为开场热身。此项不是每次面谈必需的，但是在关系建立初期是很有必要的。铺垫的内容可以是社工最近的工作情况等，时间以 10 分钟之内为宜。

二是说明今天的流程安排，有哪些议题，并了解社工期望本次面谈可以达成的目标。

三是根据相关的议题排序进行面谈，督导者应控制好整场面谈的时间和完成效率。

四是让社工总结本次面谈的内容及跟进事项，并完成督导记录。

知识链接

表7-1　面谈的关键要素与内容

关键要素	内容
用户思维	把面谈的督导对象当成客户，问候、陈述面谈目标和价值，提出面谈议程与对方达成共识
时间观念	准时开始，准时结束
开放提问	面谈过程中尽可能使用开放式问题，必要时要作复述确认
明确方向	向对方征询意见，确认自己的理解是否正确。例如，从社工站的年度计划来看，新的一年你想重点开展高龄长者照料方面的服务，我总结得对吗？是否还有遗漏？
确立需求	指出当前的绩效表现和期望的绩效表现之间存在的主要差距。例如，向对方确认，是否还有学习为老服务知识的需求
建立共识	根据前期梳理的面谈大纲进行需求确认，最重要的是要明确改善行为以及达成项目成功标准的共识

（二）面谈技巧

需求面谈既可以是个人面谈，也可以是小组面谈。为了让面谈能够聚焦需求，督导者需要掌握倾听、发问和回应等面谈技巧。

1. 倾听

有效倾听，能更好地与社工建立信任关系。作为督导者，首先要做一个好的倾听者，比如，耐心听完别人所说的话，即使他说的一切你已经了如指掌；能在别人把话说完之前，保持自己不作判断等。

督导者应该听什么呢？一般来说，我们可以从事情、行为、想法、感受来倾听。事情，即发生了什么；行为，即社工做了什么或没做什么；想法，即社工在想什么，关注点是什么；感受，即事情引发了社工什么感受，是委屈、生气、无助、开心还是其他。

2. 发问

有效发问，能帮助社会工作者思考，进而更准确认识自身的真实需求。一般来说，事实性问题和解释性问题各有其适用性范围。事实性问题是指针对具体的事件、发生的情况进行的发问，如"下个月的活动筹备情况如何了"等。解释性问题是指针对已经发生的，但中间看不到详细情况，需要社工进行阐述的发问，如"你是怎样配合项目目标执行这个项目的具体内容的"等。

3. 回应

督导者有效回应，能让督导对象感受到被支持，从而更清楚工作的努力方向。可以遵循及时回应、客观表述、重视改善、重视情绪或意见四个原则。同时，回应也有特定的技巧。一是同理心回应。同理心回应是社会工作开展个案工作的基本技巧，用在督导工作中同样合适。二是正面回应。表扬督导对象的工作价值，具体说明工作的重要及贡献，感谢督导对象付出的努力。三是纠正回应。客观说明不能接受的行为，解释原因及影响，说明期望的改善。

（三）需求提炼

需求提炼是需求面谈结果的呈现环节，为后续督导工作提供决策依据。需求提炼包含以下三个关键步骤。

一是需求显性化。是指记录交谈内容并提炼总结需求。需求显性化是非常重要的一个步骤，必须要做。

二是需求确认。是指将需求提炼总结报告分享给面谈对象，确认需求。

三是需求落地。是指制作一份基于需求的督导规划大纲，以便进行下一步的督导方案设计。

需求提炼环节具有承上启下的作用，是将面谈过程中收集到的大量信息进行后期的梳理，提炼出可实施、可衡量的目标。因此，需求显性化、需求的反复确认以及需求最终的落地等都是一些非常重要的工作。

二、观察法

社工每个阶段的发展需求，需要不同的督导议题、督导方式去回应。需求是动态的，何时作出调整，何时给予督导对象什么样的支持，可以通过观察来判断。

需求观察法是督导者用自己的感官和辅助工具直接观察督导对象，从而获得需求及资料的方法。由于人的感官具有一定的局限性，督导者也可以借助现代化的仪器和手段，比如照相机、录像机、录音机等辅助设备。

通过观察，可以增加对督导对象及其所处情境的了解，增强对需求和问题的切身感受，使收集的需求更加丰富和准确。

观察不是"走马观花"式的随意观看，而是一种仔细的察看。其"仔细"体现在以下几个方面。

一是观察有明确的目的，即观察是为了了解需求。

二是观察之前要建立一定的假设，通过观察验证这一假设。

三是观察要进行记录，以便观察之后根据记录进一步总结提炼需求。

四是观察之后要予以反思，对观察的信度、效度等进行自我检视。

（一）观察的主要形式

参观。即到社工站、相关单位等进行观察。观察对象一般先派专人向观察者介绍情况，再带领观察者到单位的相关地点进行察看。

列席会议。即督导者列席社工站或部门的会议，观察会议中的现象（会议进程，与会者的发言内容、动作、表情、语气，与会者之间的交互作用等）。

参加活动。即督导者参加观察对象的活动，在活动中观察。

旁观观察。即督导者作为旁观者对社工站成员进行观察。

参与观察。即督导者作为服务对象对社工站成员进行观察。

（二）观察的要求

首先是细致。督导对象的真实需求往往呈现在一念之间、无意之间，需要督导者耐心地观察督导对象的一举一动。只有观察细致，才能发现真相，发现督导对象的成长点和真实的需求。

其次是精准。所谓精准，就是精细、准确、客观读懂督导对象的需求。这一点其实有非常高的难度，因为每个督导者都带着自己的经验和习惯，容易把督导对象当成什么都不懂的孩子，会影响观察时的客观性和精准性。比如督导对象做一个活动，有可能他不够娴熟，而督导者认为他的方法是错的，就会带着主观的情绪和判断去主动纠正督导对象。殊不知，有可能因为督导者的这种介入，破坏了督导对象的专注度和意志力。

最后是持续性。督导对象的成长是持续的，是由量变到质变的过程，持续的观察才会有所发现。长期的观察记录能够提供很好的分析资料，从而总结出督导对象的成长规律。只有通过持续的观察，才能得到相对客观的资料，才能做出科学的督导计划。

三、选择法

当督导清单拟定后，接下来督导者需要和督导对象讨论确定目标以及相对应的督导计划。构建督导方案的过程，实际上就是选择督导目标和策略并进行优化排序的过程，如此形成的督导方案才能行之有效，具备明确的任务和责任。

（一）需求选择

当督导者把需求都收集之后，接下来就要进行需求筛选，把一些不合理的需求剔除掉。需求筛选分为三个阶段。

第一阶段：为每个收集来的需求给出以下三个问题的答案。

——该需求的来源是谁？

——该需求的使用场景是什么？

——该需求能够解决什么问题？

以上三个问题都是为接下来的筛选提供依据，以确保筛选正确。

第二阶段：根据以下几个原则进行筛选。

——是否符合身份定位？

——是不是督导对象的需求？（要结合使用场景去思考）

——是不是必须要解决的？

——需求的频率高不高？

——是否对社工站运营和服务产生正面影响？

——目前督导者的能力和技术能否支持该需求的实现？

第三阶段：把第一阶段中三个问题的答案匹配到第二阶段相对应的原则中，完成筛选。

比如，该需求的来源是谁？如果是社工站中开展低保服务的人员，那么他需要考取驾照的需求就不是来自岗位的需要。识别需求的真伪，需要督导者深入督导对象的使用场景中。因为需求都是在某个使用场景遇到了某个问题而产生的，所以需求和使用场景有着密不可分的关系。如果一个人想提升自己处理个案的能力，那么对应的场景是他会遇到什么样的个案，需要处理个案的类型、频率等。

这个过程需要督导者和督导对象一起开会商讨，确认需求后就可以进入需求排序了。

(二) 需求排序

需求排序需要考虑五个因素。

——是否符合社工站现阶段的目标。

——是不是基本型需求（KANO 模型定义了三个层次的督导需求：基本型需求、期望型需求和兴奋型需求。基本型需求的重要性最高，且最紧迫，所以基本型需求的优先级默认是最高的）。

——是不是亟须解决的（紧急程度）。

——完成后产生的价值和影响会有多大。

——实现需求要付出多少成本（人力、财力、时间）。

通过这五个因素对需求进行优先级排序。步骤：每个因素都根据重要性、紧急性、容易性对需求进行打分，分数范围 1~5 分（或者 10 分制、100 分制），然后把需求的五个因素分数加起来，得出最后的总分，按照总分的高低对需求进行优先级排序。

可能出现这种情况，虽然该需求的总分数比另一个需求的总分数高，但是通过自己对需求的理解认为其优先级应该要对调，可以再稍微调整一下顺序。

案例分享

表7-2　D社工站督导需求排序（10分制）

需求陈述	1. 是否符合社工站现阶段的目标	2. 是不是基本型需求	3. 是不是亟须解决的（紧急程度）	4. 完成后产生的价值和影响会有多大	5. 实现需求要付出多少成本（人力、财力、时间）	总分
制定服务制度	10	10	9	5	9	43
提升社工外联能力	8	6	7	8	7	36
开发品牌项目	7	8	5	10	5	35
……	……	……	……	……	……	……

第二节　开展话题的技巧

一、同感

　　同感是社会工作督导开展话题最基本也是最重要的技巧。社工站督导者不要刻意与督导对象保持距离，反而应该注意关心督导对象。当督导对象谈到感受时，督导者应就督导对象的处境给予自然回应，了解他的处境和感受，总结督导对象所面对的问题。

　　关于同感的技巧和方式，弗洛伊德非常强调宣泄与解析的作用；罗杰斯则十分强调真诚与无条件接受的作用，并强调同感共情的态度大于同感共情的技巧。美国著名心理咨询专家帕特森和艾森伯格细化了罗杰斯的做法，列举出了一系列同感共情的引导技巧，如沉默、接受、复述、澄清、赞同、解释、保证、指示等。这些技巧的强度不同，使用的时机也不一样。其中沉默、接受、复述等弱度引导行为通常在督导的最初阶段使用，而解释、指示等则多用于督导后期。

督导者要提高自己的同感共情能力，需重点修炼以下五项同感共情技巧：专注技巧、镜射技巧、判断抽离技巧、具体化技巧、提出共情问题。

（一）专注技巧

专注是指督导者全心全意地关注督导对象的态度与技巧。督导者的专注能给督导对象传递"他与我同在""他在专心地陪伴我"的信息，可以给督导对象带来极大的心理支持，增强其战胜困难、积极成长的勇气和信心。督导过程包括理性和情绪两个部分，其中许多有意义的信息来自督导对象的情绪或感受，甚至是督导对象感到最烦恼的东西。督导者要想与督导对象建立同感共情，最重要的途径之一就是要"听到"督导对象话语中的种种情绪暗示，而这一切只有通过专注技巧才能得以实现。

（二）镜射技巧

镜射是指督导者要对督导对象说话时的情绪用言语或肢体语言积极回应，达到同频共振。就像一个人在照镜子时，他（她）的一举一动都会在镜子面前反射出来。

（三）判断抽离技巧

判断抽离是指督导者要在谈话中尽量走出自我的参照框架，进入对方的内心世界，不对督导对象的非理性思维作简单的是非评断。判断抽离技巧的作用在于与督导对象"将心比心"，以尊重换信任，以理解促反思，最终帮助他认识、反思并摆脱非理性思维与习惯。

督导者运用判断抽离技巧时应注意以下几点。

一是避免讲令人泄气的话语，如"你咋这么蠢""别再说了"等。

二是赞扬督导对象的努力，如"你已经尽了最大努力"等。

三是接纳当事人，如"不管你有过什么极端的念头，你并没有去实施，这点很重要"等。

四是表达对督导对象的信赖，如"我感谢你来找我做督导""我感谢你对我的信任"等。

五是鼓励督导对象从错误中学习，如"你来找我督导这个话题，就表明你想自我成长，这很重要"等。

（四）具体化技巧

督导者要在与督导对象交谈中，不断要求他（她）具体描述、谈论其对某人、某事的看法与感受。例如，针对督导对象的叙述，督导者可多问"你可否说得具体些"或"你可否举个例子"之类的问题来帮助督导对象厘清思路。此外，不要对督导对象的话语作是非判断，少用"你怎么可以那么想"或"你想得太多了"之类的表述，而是鼓励督导对象多作自我分析。

（五）提出共情问题

提出共情问题是增进共情敏感性的一项非常有用的策略。比如，"如果我是社工 B，说了这些话，我会有何感受呢?"

但我们要意识到，提出共情问题也有可能失效，甚至起到反作用共情：督导对象与督导者可能曾有非常不同的个人经历，使得共情问题产生完全相悖的答案。更有效的做法是思考督导对象或其他你认识的人在面对这一经历时会有何感受。

案例分享

可能产生误导的共情尝试

仅仅因为你想要对督导对象共情，并不意味着你会成功。

应避免的常见共情表达：

1. "我了解你的感受"，或"我理解"。

督导对象可能会怀疑："她怎能了解我的感受？她才了解了我 15 分钟。"或者："如果她真的了解，或者她经历过我所经历的，她就会需要被督导，而不是成为督导。"

2. "我也经历过类似的事情。"

督导对象可能会表示怀疑或者要求你详细叙述你的经历，导致角色突然转换了：督导者现在成了督导对象。

3. "天哪，那一定很糟糕。"

督导对象有时不确定实际上有多大的伤害，听到一位专业人员宣称他们所经历和应对的是"糟糕"的事件，会产生有害的效应。此处的重点是，你是在引导还是追随督导对象的情绪体验。如果督导对象清楚地向你显示她感到自己的经历是"糟糕的"，那么用"那一定很糟糕"来反映该经历是有一定共情的；然而，更好的共情反应需要换掉"一定是"的评判和"天哪"的感叹，如："听起来，所发生的事情让你感到相当糟糕。"

4. "唉，你真可怜"，或"真可怕，你能经受这些，你一定是个坚强的人"。

包括了评价并给予同情。督导对象可能会感到被称赞，但可能随后感到无法再表露其他情绪或弱点，因为担心来自专家的进一步评价。或者，一旦督导对象因为表现坚强而受到奖赏，他们可能会以同样的方式给出更多的信息。

二、分享感受

在督导的过程中，督导者适当地讲述一点自己过去的经历，与督导对象分享生活中相关的经历，可以增进双方的理解、同感和信任。有这样一种现象：个体越是在比自己成熟的人面前得到理解、尊重和鼓励，就越容易消除自卑感。让督导对象感到督导者也曾有过与自己类似的经历，他就更有信心克服挫败感。这种方法或技术，就叫分享感受。

案例分享

在督导对象表达自己的想法时，我们可以很好地表示自己也曾经有过这样的经历，以此表达对他的理解。比如，督导对象说：我真的没办法了，这个活动又不是很成功，我真的是个失败者，什么活动都做不好。

你可以说：你知道吗？在我还是一个一线社工时，我曾经也有过这样一段时间。那时候我在 B 社区工作，感觉服务也做不好，做活动都没有什么亮点，工作压力也是很大，很想逃避，又无处可逃，很难受、很挣扎，我也花了很长时间才走出来。

（一）分享感受的作用

分享感受主要有两方面的作用。

一是融洽关系。通过督导者的自我披露和分享，让督导对象感受到督导者也曾经历类似的事件和困扰，以此拉近彼此间的关系，使督导对象感到其所陈述的问题和困境被理解，以此引导出开放、真诚的讨论氛围。

二是传输经验。督导者自我披露和分享感受的过程，一般带有对待问题的态度和解决问题的方法，督导者可以将相同境遇的解决问题的方法传输给督导对象借鉴。当然，解决问题的方法不是唯一的，督导对象需要结合自身的情况，确定是否采纳。

（二）分享感受技巧的使用

1. 适度分享

分享感受是督导者聚焦督导对象的问题适度地、选择性地披露个人信息。督导者分享自己的信息相当于为督导对象树立榜样，目的是向督导对象示范恰当的言谈和行为的方式，而不必将所有信息和盘托出、毫无保留。

2. 适当内容

有三种类型的信息比较适宜披露：一是与教育和工作相关的证据，增强督导对象对督导者的信任感。例如，督导者向督导对象分享自己有10年的社区综合服务中心工作经验。二是为了帮助督导对象调整情绪而在特殊问题上分享感受。例如，"我也做过老年人服务，面对不尽养老义务的年轻人，做到时刻都平心静气地和他们讲话确实不容易。我想多了解一些，和这些不赡养老人的年轻人打交道时，什么情况会使你情绪不好？"三是使督导对象经验正常化而分享感受。例如，"面对领导的无端批评，我也经常感到很无奈、很委屈。很多同事面对多头管理时，都会有这样的反应。"

3. 简明扼要

分享自己信息的重要目标是引发督导对象思考。如果督导对象过于关注督导者分享的细节，督导者可以结合开放式提问将话题重新聚焦到督导对象的问题上。例如，"你听得很仔细。那么，我刚刚讲的自己的经历和你现在的问题有哪些相似的地方呢?"

实务中，一些信息是不适宜自我披露的，特别是可能引发错误示范的信息，以及表达质疑、不赞成的情感。这一点我们需要注意，否则可能会适得其反。

三、提问

社工站督导者每天使用最多的技巧就是提问技巧。比如，要解决社工的困惑需要提问，以使问题更加清楚;和业务部门沟通需要提问，以使双方能够聚焦问题进行沟通;同事之间需要提问，让彼此信息对称效率更高。在社工站督导过程中，提问有以下积极效果。

——开放式问题可以引导督导对象更深入讨论他们的思想与情感。

——封闭式问题帮助督导者准确地得到具体明确的信息。

——使用提问来控制面谈、扮演权威的角色时，有些督导对象会感到放松。

——有助于澄清或具体化督导对象希望谈的内容。

——有利于获取督导对象具体行为的更多信息。

要实现上述效果，提问应有一套严谨的思维体系、逻辑体系。常用的问题类型及相应的固有程序和语句技巧如下。

——事实性问题:指针对具体的事件、情况发问，如"下个月的活动筹备情况如何"。

——解释性问题:指针对已经存在的结果需要社工进行阐述的发问，如"你是怎样配合项目目标执行这个项目的具体内容的"。

——选择性问题:指提出若干选项由督导对象选择的发问，如"你认为服务对象目前感觉最困难的是家庭关系的问题，还是经济纠纷的问题"。

——假设性问题:指针对想要达到、目前还未达到的状态，需要社工设想路径方法的发问，如"如果我们想加深服务对象对社会工作中心的了解，我们能做些什么"。

——引导性问题:指引导对象认识到某种已有的确立性答案的发问，

如"我觉得你现在情绪有些激动，你觉得呢"。

——总结性问题：指引导对方进行归纳总结的发问，如"根据之前的讨论，你下一步应该做什么"。

——祈使问题：可用是或否回答，但实际上是用于引起对情感、想法或问题更详细的讨论。从某种意义上讲，祈使问句是问督导对象是否愿意回答，如"你能不能""你愿不愿意""你想不想"之类的表述。

——间接或隐含式问题：常以"我感到好奇""你肯定怎么怎么样"开头。督导者对督导对象的想法或感受感到好奇时会使用，但对督导对象回答与否及质量不作过高期待。

——投射问题：用于帮助督导对象发现、表达、探索和澄清无意识的或不清楚的冲突、价值观、想法和感受。常以"如果……"开头，用来激发督导对象设想如果他们处在某种情境中会有什么样的想法、感受和行为。

——标尺问题：对于焦点解决流派的督导者来说，标尺问题能帮助督导对象更精确地设想他们可能发生的改变。如："从 1 到 10 的标尺，如果 1 代表可能的最坏情况，10 代表可能的最好情况，你对你上一周处理愤怒的情况打多少分?"

——独特结果或重新描述问题：引导督导对象描述他们曾以何种独特的方式完成了某些具体的相关积极任务。如："你上个月感觉好了一点点，你对自己说了什么?"

——奇迹问题：与大多数建构主义和焦点解决问题一样，帮助督导对象产生和维持对未来的积极愿景，并具体分析什么因素能带来这种积极的成果。

知识链接 ·····················

提问的小技巧

1. 让督导对象准备好接受提问。

2. 不要接连提出超过三个问题。

3. 提问与其他倾听反应，尤其是非指导性倾听反应宜结合使用。

4. 问题符合督导对象的关切和目标。

5. 提及敏感问题要谨慎。

6. 勿由好奇心主导提问过程。在督导过程中，我们可能会出现自己感兴趣的信息点，而这和你要了解的事情并没有关系或者关系不大。此时，我们要及时制止自己的好奇心，不去八卦，要将提问的落脚点放在督导所需的地方，保证提问的有效性。

7. 不要提本身模棱两可的问题。在工作中，我们经常会出现"是不是"与"应不应该"这两个概念混淆的情况。"是不是"大多为客观实际的表述和求证，"应不应该"多为期望和道理层面。在社会工作督导过程中，当询问社工，你的个案是不是这样做的？她的回复是"应该是"。所以其中有很多的信息点：至少可知，她对个案具体做法不清楚；甚至，她是否有做个案，目前不太确定。

8. 结合澄清技巧使用。当你对别人所提供的信息不理解时，可以用"澄清"的方法。常用的句子有：你的意思是不是这样、我这样理解对不对、我好像听你说过这个、看看我的理解有没有错等。

综上所述，提问不是简单的你问我答，而是一场逻辑性、表达能力、信息捕捉能力的综合考验。在这场考验中应聚焦目标、方法，把握节奏，方能取得理想效果。

四、倾听

倾听是一项很重要的技能。有效的倾听能够使督导者在面对督导对象的时候更能理解他们的需要，甚至很多时候督导对象仅仅是需要发泄情感的场所和机会，督导者只需倾听他们的情感表达即可。

（一）倾听的实操建议

倾听是帮助督导对象整理他的情绪感受，减少情绪干扰因素，去回顾事件发生的过程，让他（她）有更好的方式和角度去看待事件，并把情绪感受适当转化。具体建议如下。

——克服自我。不要总是谈论自己，不要总想占主导地位。

——尊重对方。不要打断对话，要让对方把话说完。千万不要去深究那些不重要或不相关的细节而打断对话。

——不要匆忙下结论。在对方说完前不要急于发表观点，也不要提前在心中作出预判，尽量避免把对方的事情染上自己的主观色彩，耐心听完。

——尽量不要边听边琢磨他（她）下面将会说什么。

——不要使你的思维跳跃得比说话者还快。不要试图理解对方还没有说出来的意思。

——注重一些细节。不要了解自己不应该知道的东西，不要做小动作，不要走神，不必介意对方的重复论述。

——体察对方的感觉。一个人的感觉往往比他（她）的思想更能引导他（她）的行为，越不注意人的真实感觉，沟通越困难。体察感觉，就是将对方语言背后的情感复述出来，表示了解并接受他（她）的感觉，有时会产生相当好的效果。

——恰当反馈。倾听别人说话要注意给予反馈，及时查证自己是否正确领会了对方表达的内容。你不妨这样说："不知我是否了解你的话，你的意思是……"一旦确定了你对他（她）的了解，就要进入积极实际的帮助和建议。目光专注柔和地看着对方，适时给出回应。比如点头和"嗯"，表示你正在专心倾听。

——澄清。在服务对象表达的内容不够清楚或者模糊时，澄清可以避免造成误解。但不要喧宾夺主，更不要转移话题。通过提问澄清内容，但也不要问太多的问题，以至于打断了说话人的思路。根据你的理解用自己的话复述信息，看看说话人是否认可你的解释。

——接纳。无论对方说的事情在你看来多么幼稚可笑，他（她）向你诉说都是表示对你的信任，这是一种对你人格的赞美，所以，不要嘲笑他（她），也不要带着高姿态评点他（她）的事。即使你不赞同他（她）的想法，也要给予他（她）想要的理解和安慰，在困境中支持对方是作为朋友、作为专业工作者的义务。

——如果你觉得你的想法会更好，那么作为一个提议告诉他（她），帮他（她）参谋而不是作决定。决定一定是当事人自己作出的。即使他（她）最终没有采纳你的建议，也要给予他（她）鼓励和祝福。

——接受并理解别人向你传递的信息。交谈结束时，问问你自己："这个人或这些人到底打算告诉我什么内容？"

——用身体语言表示你对别人的信息感兴趣。身体向前倾，保持目光接触，集中注意力，不要让自己因外界干扰而分心。这些动作和态度会鼓励说话人"无拘无束地畅谈"。

——做记录以备日后参考。记下说话的重点内容。过多地做记录反而会分散精力，妨碍你获得后面的信息。

——交谈结束后，在自己心里对所得到的信息作个总结。

（二）倾听时的禁忌

——对谈话内容漠不关心。

——只听内容，忽略感觉。

——无故打断对方说话。

五、其他技巧

（一）引导技巧

督导对象有时会说"没有督导议题"，言外之意是什么？是此时此刻或此阶段确实没有遇到问题，还是没有经过深思熟虑就脱口而出，抑或是遇到的困难已经获得很好的解决。无论是什么情况，督导者需要结合上一阶段的需求评估及时作出回应，引导督导对象自我察觉和反思。如可以引导督导对象分享近期工作情况及感受，及时给予肯定和支持。同时，督导者也可以借此了解督导对象的工作思路和目前的工作状态，及时给予建议和指导。一般也建议督导对象提前将督导议题提交给督导者，这样督导对象也有时间去深度思考督导议题。

（二）相互契合技巧

相互契合是督导前期最重要的技巧。相互契合是指督导者在每次督导中都要用一定的时间了解和关心督导对象的处境，并表示关心。相互契合的重点在于精准确定要处理的问题，而不是用感情淡化问题，甚至拒绝面对问题。

第三节　督导结束会谈的技巧

结束会谈有两种情况：一是完成了既定的督导目标，顺利结束；二是单次督导时间将到，督导议题结束。

本节讲述回顾、总结和展望三项结束会谈的技巧。

回顾：重新审视督导的过程，将督导开始前的情形与督导结束时的情形进行比较，明确督导对象取得的进步，以此来结束会谈。

总结：对会谈进行总结并且明确督导目标，能有效提高督导的准确性，以此来结束会谈。

展望：讨论督导结束之后，如何应用督导中学到的方法和技能解决工作中遇到的问题，以此来结束会谈。

一、回顾

事后回顾，又称事后评估、行动后学习机制等，是目前督导实践中应用得最为广泛的工具之一。事后回顾最初是美国陆军所进行的一项任务后的检视方法，现如今被广泛应用并得以延伸，即通过对一个项目或一项行动的过程进行专业性讨论，参与者可以发现和了解发生了什么、为何发生、什么进行得很好，以改进不足、固化成功。可以于一次督导或者阶段性督导之后，让所有参加者聚集到一起，回顾任务执行过程，总结成功与不足，寻求改善的方法。参加人员可以是多人，也可以是团队的几个核心成员。时间可以持续几分钟，也可以为几小时，具体结合督导内容、重要性程度来确定。具体需注意以下四个方面的问题。

我们打算做什么？即目标达成情况。作为第一阶段，此时重点是审视原本的任务及目标是什么。参与的团队成员首先必须对督导目标形成一致认识，共同评估执行的成效和甄别计划与结果之间的差距。操作上，一般由督导者带领督导对象进行总结反思，这一阶段可以结合前期的督导议程及目标设定，由组员自由评价目标的总体成效。

实际发生了什么？即场景描述，如看到什么、听到什么等。该阶段要求参与的成员真实客观地重现督导过程中所发生的事。这种"现场描述"的原则是成员丢掉自己的主观感受，聚焦客观发生的事实本身，不带有个人主观色彩。例如，可以表述你在督导开始到结束的过程中看到了什么、听到了什么，主要是对客观事实的复述。描述可以依据时间顺序，也可以由参与成员回忆他们所认为的关键事件，尤其是引起督导对象强烈情感的事件。要真实不加批判地回忆过去发生的事件并不容易，且随着时间推移会出现记忆偏差，因而需要督导对象积极地投入任务，有条件的话，可以呈现录音、录像。

有哪些做得好、值得保持的地方？即成功之处是什么。回顾的目的之一便是通过集体行动，共享经验和知识。因而，该阶段需要督导对象具备反思总结的能力，将督导过程中认为做得好的地方梳理出来，从别人的见解中学习、从集体的行动中总结。成功经验分享可以是多角度的，既可以是某个成员的表现，也可以针对任务或者活动本身的组织策划，当然也可以针对团队的整体表现。参与的组员可以头脑风暴尽情表达，找出团队表现良好、值得继续保持下去的地方，从而固化成功的经验。

有哪些不足之处、可改善的地方？即下次我们将怎么做。作为最后阶段，它需要督导对象绝对诚实，敢于直面自己及团队的错误或缺点，毫无保留地发表自己的观点和意见，从相互的解释中进行思考，从阐述的信息中搜寻不足的线索。一旦明白问题是什么，参加者自然会提出很多的改善建议。同时，带领者要发挥好引领作用，找出问题、给出对策、制订方案，并落实到下一步的改善行动中，确保团队建设成效。

此外，事后回顾不必作面面俱到的分析，可以聚焦少数关键性的议题。它可以是正式的，也可以是非正式的，小组或者会议后甚至随时随地进行，不需要烦琐的前期准备，整体讨论流程也无须很强的技能。事后回顾的目的并非确认团队过失或者追究责任，而是避免犯重复错误，通过组员的诚实陈述来反思总结经验、发掘改进的空间与机会，从而固化成功经验，达到在实践中学习的成效。

二、总结

总结在结束会谈中是十分必要的方式和技术。简单总结会谈并且再一次明确督导内容要点，不仅能使督导者和督导对象就议题内容梳理督导成效，而且是督导对象提问和修正督导认识的重要环节，也有助于督导者强化下一步所作安排。总结是提高督导准确性的重要方法。

案例分享

督导者：总结一下，我觉得这一年来你在开展个案方面没有成功的经验，很有可能是你并没有遵从相关的理论来开展个案工作。没有使用相关的理论，是因为你没有深入地学习和掌握相关理论。我要给你梳理几个常用的个案工作理论和模式，接下来 2 个月内请你认真学习，边学边融入个案服务的过程，之后我们再来看你开展个案工作的情况。你同意这个方案吗？

督导对象：好的，督导。就像您说的，我认为自己的确是没有重视理论学习，不过有督导您给我提供的这些建议，我会去好好学习研究相关理论的。

通常经过一段时间的会谈，督导对象表达出的多种信息会暗示出某个主题或某种模式。这个主题或模式在督导对象话题中经常被提及。督导者可以通过倾听督导对象反复强调的信息来确认。主题代表着督导对象想要讲述的东西，也是在督导过程中应当给予关注的地方。寻找主题就是倾听督导对象如何组织他们自己的故事。督导者可以在总结时对督导对象谈话主题给予反馈。首先，将督导对象信息中的多个元素联系在一起，从督导对象含混模糊的信息中提取意义。然后，在获得若干信息或经过几次督导后，识别出逐渐明晰的主题或模式。

有时，督导者也可以通过总结来打断督导对象喋喋不休地重复信息内容。这时，总结也是引导督导会谈方向的重要工具。总结还可以调整督导的节奏，使之不至于太快。此时，总结提供了督导中的心理喘息空间。

要想进行准确的总结，需要回顾督导对象过去几次督导中的表现，时间跨度可能是几次督导或几个月。总结包括如下四个步骤。

一是关注和回忆督导对象表述的信息，并在心中复述这些信息：督导对象讲述了什么？关注些什么？考虑些什么？这是进行总结的关键，也是最困难的部分，因为它需要你注意到在整个督导过程中许多变化着的言语和非言语信息。

二是督导者通过向自己提问题，识别出信息中存在着的明显模式、主题或多种元素。如："督导对象多次重复些什么？"或"这个难点的不同部分是什么？"

三是组织语言把多种因素联系起来，将总结讲给督导对象。总结宜使用陈述语言，避免疑问式表述。

四是通过倾听和观察确认督导对象是否认可总结出的主题，以及总结是加强了还是减弱了督导方向等，正确评估总结的效果。

督导者学习掌握总结技巧，应重点关注下面三点。

一是督导对象今天和以往对我讲述了些什么，这些信息包含的关键内容和关键情感是什么。

二是督导对象今天和以往反复强调的是什么，其中的模式和主题是什么。

三是怎样知道我所作的总结是否有效。

案例分享

社工站社工小徐眼含泪花，用低弱的声音说道：我不明白为什么我的主管从来都不肯定我的工作，我准备了好几天开展的活动，他一句肯定也没有。我真的不明白到底是怎么回事。

督导进行中：我希望他能肯定我的努力。我想我似乎感到，他不表扬我是因为我没有按照他的意图做事。可能是因为我没有听从他的建议。

督导者自问 1：就今天主要的内容和感受，小徐谈了什么？

主要内容：希望主管肯定自己。

主要感受：伤心，难过，责任感。

督导者自问 2：小徐在今天或者一直多次重复的是什么模式或主题？

她是主管不表扬她的主要责任承担者。

督导者总结：小徐，今天开始督导的时候，你觉得没有人对你的工作不被肯定负有责任。现在我感到你觉得你自己有责任。开始时，你不觉得应该责备谁，现在我觉得你感到自己应该对这件事负责。

如果小徐对这个总结持肯定态度，那么督导者的总结便是有效的。如果她予以否认，督导者可以让她澄清哪些地方不准确。不过要注意：一方面可能是总结确实不准确；另一方面也可能是小徐还没有准备好现在就承认这个问题。

三、展望

工作展望是一种对未来工作的愿景和期许，比工作计划和工作安排多一些理想化的期望和描述，不要求定量定性。但是工作展望的重要性并不次于工作安排。工作展望更像是一种长期的规划和安排，是一种工作的理想状态和远景目标。展望也常常被作为结束督导的技巧和方式。

展望一般需要基于下面几点。

（一）认真分析当下的督导工作

正所谓"知己知彼，百战不殆"。只有更加了解当下督导工作的实质内容，才能对未来的工作有所期许。所以第一步就是认真分析当下工作，从小处的工作细节，到大方向上的工作目标和任务，都要逐一分析透彻到位。

（二）找出工作难点重点

工作中的难点、重点是工作展望中重要的组成部分。当下工作的难点重点一般来说也是未来一段时间里的工作难点和重点。认真梳理工作中的难点重点，分析出现的问题和解决的办法。

（三）分析工作价值

社工站中每个社工、每项工作都有存在的价值，要深入挖掘工作的价值和工作的前景。因为只有了解这些之后，才能更加明确未来工作的发展方向，才能做好工作展望。比如，社工站的社工不仅仅是服务人员，还是社工站的形象代言，对于自身的价值要进行深入挖掘，发现深层次的意义。

（四）找出工作不足

在平时的工作中找出不足的地方，总结出行之有效的改进措施和办法，在工作展望中进行陈述。重点陈述如何发现不足、改进不足，以及改进后的效果。

案例分享

督导者总结发言

老王是 A 社工站的督导者，在第一季度督导工作的总结会上，老王最后说道："第一季度，经过大家的努力，社工站的制度已经建立起来，也通过走访掌握了服务区域的兜底人群数据。但是需求还有待了解，精准的服务方案还没有制订，未来我们将针对精准服务进行方案策划。这是真正考验我们的时候，也是最能体现我们社工站价值的时候。我们需要投入的时间和精力都会更多，希望大家一起加油，切实为兜底人群策划出更加精准、更受欢迎的服务方案。"

第 8 章

社工站督导故事

故事一　行则将至，社工站路上的督与导

2018 年湖南省启动"禾计划"社工站项目以来，社工站的建设推进、社工的专业成长、服务对象的需求回应……督导已成为社工站发展中一个很重要、很关键的环节。笔者受长沙市社工协会运营的长沙市社工站指导服务平台邀请，参与长沙市高新区、望城区等区县的社工站督导工作，与驻站社工一起推动社工站建设。

一、行政梳理，角色定位

民政部提出：在"十四五"期间，乡镇（街道）社工站将实现基本全覆盖。但是，社工站项目是一个区别于常规社会工作服务项目的建设项目。这就要求不管是督导者还是社工站一线社工都要先清楚社工站的定位。督导者在一开始开展督导工作时，便需指导社工从大格局、高站位来看待和开展社工站建设，跳出单一的项目思维，了解社工站的建设背景、实施意义、服务目标和服务内容，明确社工站的方向，清晰社工站的发展规划。要在理解政策的基础上，搭建社工站服务框架，明确社工自身的定位，融入街道和社区，顺利开展工作。督导者也要发挥社工站项目主管的作用，结合驻站社工自身的专业工作经历、受教育情况等，让主管带领驻站社工学习社工站管理制度，建立良好的沟通机制和工作机制，做好社工站的行政管理，集中解决社工站驻站社工在日常人事管理、档案管理和利益相关方工作要求等方面的问题，充分发挥团队内部的效能，让管理与督导齐头并进。

二、专业指导，赋能提升

扎根服务对象的生活场景，有效指导社工解决实务问题。在日常督导工作中，常有社工反馈：能不能多一点实用性的、可以直接拿来用的督导内容，概念性的、理论性的内容可以少一点，因为听完还需要结合实际落

实。很多一线社工都会希望督导者直接给到答案或方法解决当前的问题，不用自己再思考，但社会工作是一门理论与实践充分结合的职业，仅有实操或者理论都无法有效地开展专业服务。在这个时候，作为督导者要先了解目前社工站的建设情况、社工自身的专业素养与能力、社工目前所储备的解决问题的能力，再与社工厘清社工与督导者的角色和定位，以及督导者所能提供的支持，让社工逐步了解自身需储备的专业知识与能力，能够在督导者的支持下学以致用，而不是照搬照抄。督导者在进行教育督导时，也要全面了解社工站项目的实施情况，包括社工站建设目标、服务对象、服务内容和最终的服务期待等，与社工一起明确督导需求、督导目标和督导内容，这样才能在专业上给予充分的支持和指导。同时要注重社工自身在社工站工作中的能力提升，将学习与工作同步推进，将督导中学习到的内容不断运用到工作实践中，在此过程中才能最大化地发挥社会工作的专业优势，循序渐进地提升驻站社工个人的学习和工作能力，从而高质量地推进社工站的建设。

三、情感支持，价值肯定

在给社工站驻站社工做督导的时候，经常听到社工倾诉："我都入职4个月了，但感觉自己什么也没做。原以为做社工能帮助到有需要的人，但我发现自己并没有做到。我在想我可能不适合做社工。""服务对象的问题很多，很希望我都能为她解决，但是我发现自己能做的却很少，自己手里也没有资源。""社工每天都有做不完的事情，写不完的文书。"……这时候作为督导者，我会先倾听完社工的倾诉，并表达我的同理，也表示非常能理解社工的感受和处境。同时，跟他们分享我从一线社工走过来的经历，也有刚进入行业那种毫无头绪的心情、遇到工作难题的不知所措等，用理解和接纳给予社工相应的情感支持。再有，带领社工一起澄清和梳理工作上的困难和问题，引导社工谈自己对事情的理解，帮助社工形成正确的认知，共同探讨社工可以做到哪些、还有哪些是需要别人协助的，协助社工分析有哪些可以利用和挖掘的资源，对自己的工作任务进行重要紧急程度排序等，并在这个过程中对社工自己提出的思路或想法予以肯定，鼓励社工自己尝试去做，并及时了解和反馈做的结果。每次督导的时候，也会经常向社工们分享来自行业的、政策方面的利好消息，让一线社工们可以看到社工前方的"美景"，坚定信念，相信付出总能有回报，念念不忘，必有回响。

道长且阻，行则将至！社工站的督导之路，需要督导者具备过硬的专业知识，更需要督导者在本土的情境中因地制宜，紧跟政策指引，不断提升自我，真正发挥督导者的行政、教育和支持功能，为督导对象"传道授业解惑"，优化社工站服务品质，助力社工站行稳致远。

（本文作者：长沙市培源社会工作服务中心总干事、长沙市初级督导黎婷）

故事二　GROW 发问模式在督导中的运用

一、背景

宁乡市是位于长沙市西部的县级市，下辖 4 个街道、21 个乡镇，常住人口 126.3 万余人。宁乡市有乡镇社工站 25 个、街道社工站 4 个。截至2022 年 6 月 29 日，宁乡市通过购买社会组织服务或福彩公益金资助等方式支持共建村（居）社工室 40 个。宁乡市共有全职社工 63 人，社工持证率为 31.7%。

接受宁乡社工站督导的工作时，我一直在思考：如何为社工站开展督导；如何在有效的督导时间里提升社工的专业服务水平、激发社工的热情；如何建立优质的督导关系，准确抓住社工的需求，使督导的效率更高、效果更好，在督导与被督导过程中实现良性互动，不断评估自己的督导方式，思考自己的督导方式对社工的影响与作用。

督导过程中，督导者与督导对象不是单向输出或管理，而是一个互动的过程。一线社工在被督导过程中往往难以聚焦需求，提出的问题广而泛，或者不经主动思考就把问题直接抛给督导者，导致督导成效不高。

二、GROW 发问模式运用

什么是 GROW 模型？

GROW 模型是约翰·惠特默在 1992 年提出的，广泛运用于企业教练领域。GROW 的意思是成长，帮助人成长。

G（goal）：目标；

R（reality）：现实；

O（options）：选择；

W（way forward）：行动。

表 8-1　GROW 模型及其机制设计

GROW 模型	机制设计
目标	确认要达成的目标，该目标需要是有价值的具体目标。例如，你想在这次督导讨论会中实现什么目标？如果我们要给完成的目标排列先后顺序，排第一的是哪一个？这个目标是否可以达成？
现实	列举具体相关的例子描述问题，鼓励进行自我评估与分析。例如，现在是什么情况？问题是什么？什么时候发生的？对你有什么影响？到目前为止，你做过什么？结果怎么样？
选择	综合情况提出建议，确保作出选择。例如，有哪些选择？这样做的好处和坏处是什么？哪一个是你较感兴趣的？为什么？
行动	找出可能出现的阻碍，把工作具体化，落实行动计划和所需的支持。例如，接下来有什么计划？你需要什么支持？如何去获得？现在立刻就可以开始做什么？

案例一：

社工站社工入户探访某村残疾人家庭子女，小丽（化名）14 岁（家中老大），女，肌肉萎缩需坐轮椅，未进入学校读书。当地学校给小丽提供义务教育阶段送教上门服务，小丽表示不想继续学习。社工面对小丽的问题，对于如何介入表示困扰。

运用 GROW 发问模式向社工进行提问：

督导者：小丽不想继续学习的原因是什么？

社工：想学习一门职业技能，外出赚钱，减轻家庭负担。

督导者：小丽的父母是如何看待这件事情的？

社工：父亲肢体残疾，家中 3 个孩子，压力大，对小丽的未来并未作考虑。

督导者：小丽是否已经有想学习的职业方向？小丽是否为自己的未来做了一些准备？

社工：不清楚。（社工表示小丽出行需要坐轮椅，独立出行有困难。）

督导者：小丽目前最想改变的事情是什么？

社工：沉默（社工表示"我觉得她……"）。

G（目标）：经过刚才的沟通，你觉得小丽未来要实现就业有比较大的困难，那么本次督导你是想讨论是否接案的问题还是想讨论可行的目标与介入的方法？

R（现实）：小丽还处于未成年人义务教育阶段，但是提前做职业规划也是有必要的，未来要真正实现就业存在的困难还很多。

O（选择）：你觉得我们现在需要怎么做来帮助小丽？我们是先帮助小丽了解职业方向、建立职业兴趣，还是先处理小丽不想继续参与义务教育学习的问题？

W（行动）：（社工作出选择后，接下来可以问）那你下一步的计划是什么，你需要什么样的支持或资源，现在立刻开始做什么？

GROW 发问模式可促使社工思考，会谈期间是否充分了解了服务对象的诉求、是否有哪些重要的因素可能被忽略。例如，小丽不想继续学习背后的原因，监护人的意见，小丽曾做过一些什么样的努力等信息。事实上，社工缺乏对小丽的充分了解。

GROW 发问模式可以帮助社工厘清现状，按照"目标→现实→选择→行动"的顺序去逐一专注四个方面，把服务目标分解成难度较小并可以完成的任务。在这个过程中，社工主动寻找到解决问题的方法，进而会积极主动去落实行动。

三、发问技巧

督导者在发问时要清晰地知道问题会在哪个方向，在发问前要明确我们想要他回答的是哪个方向的问题，而不局限于获得正确的答案。有效的提问需要简明扼要、明确清晰，有方向、有建设性。

问题类型及功能：

事实型——了解实情。

解释型——咨询、启发作用，启发社工去思考发现一些新的问题。

选择型——要求督导者走得比社工要快，提供多种选择。

假设型——预测的功能，可以提前做好一些打算和准备。

引导型——其实心里已经有答案，只是让社工自己说出来，去印证。

总结型——帮助社工从多种资料中总结，让社工去做，有助于其厘清思路。

案例二：

社工反馈在上门探访或日常活动开展中，社区居民总是把社工当成政府工作人员。

运用 GROW 发问模式及发问技巧向社工提问：

你觉得社区居民总是把社工当成政府工作人员，那么本次你想讨论的目标是什么？（G·引导型）

社区居民把社工当成政府工作人员，可能认为"社工"是什么并不重要，重要的是只要能解决问题就可以，或者因为社工的工作地点在政府内而产生的认知偏差。（R·事实型）

如果我们想让社区居民更了解社工，我们可以做些什么？（O·引导型）

接下来我们将怎么去做？（W·引导型）

督导者与督导对象工作时，要实时关注督导过程中的成效。在整个督导中，督导者除了要具备相应的专业自信、洞察力、沟通技巧，还需要具备良好的发问技巧。督导者的有效发问，能促进社工去有效思考与探索，专注在自己可以控制的事情上，帮助社工增强信念、热情和专业。

（本文作者：长沙市初级督导刘润）

故事三　我的督导故事

流光一瞬，华表千年，回顾自己的督导成长之路，已然过了 3 年时间，至今犹记得第一次去同升街道社工站的场景。在经过一千一百多个日夜的努力后，站点社工们的成长与进步以及站点成效逐步显现。现将个人的督导情况小结如下。

一、督导站点情况

雨花区目前共有 13 个街道社工站，由街道自主招标，引进社会组织，并结合街道本土情况建设。同升街道是雨花区面积最大的街道，下辖 8 个社区和 3 个社区筹委会，户籍人口 2.3 万余人，流动人口 5.6 万余人，有长沙市最大的近 2 万人的安置小区——粟塘小区。同升街道基于自身的发展要求及新聚园社区的特殊性，将街道社工站站点设在新聚园社区，借助社工的力量，更好助力社区发展。

二、我的督导成长之路

自 2019 年起，我受同升街道社工站承接机构的邀请，来担任该站点的督导，全面行使管理和督导职能。在湖南省民政厅关于乡镇社工站的实施方案文件指导下，基于街道和社区的实际情况，为确保有效推进社工工作开展，实现服务成效，经与站点社工们一同商讨，确定了以下工作思路。

1. 摸清社区概况

进驻站点后，社工们了解到该小区现有住户 6300 余户，人口 2 万人，"三无"人员 27 人，残疾人 167 人，60 岁以上老年人就有 1200 余人，其中低保老年人 420 余人，在社区登记的"三无"空巢老年人 81 人。社工

221

由此看到，该社区的民政事务压力和老年人服务压力都比较重，为更好地协作社区服务提供了数据基础。

2. 指导社工加强与街道和社区的沟通，确立协同发展社区工作的思路

社区工作人员长期服务于社区居民，他们是最熟悉社区情况的人员，要发挥社工的作用，需得到社区工作人员的大力支持。在街道的协调下，承接机构与街道及社区进行多次深入讨论，确定站点年度服务重点和需要解决的问题是，有效缓解社区"三无"、空巢老人的照顾压力，初步建立老年人服务机制，把社工站的服务工作与社区民政工作紧密结合。

3. 盘点资源，明确服务模式

强化社工对社工站定位的认识：同升街道社工站需立足新聚园社区，辐射和指导周边社区社工服务工作的开展，以最终推动街道的服务发展为目标。由此，梳理出以下三步工作。第一步，找准服务突破口，促进社工与居民的交流。基于机构自身的优势，以残疾人服务为突破口，将部分残疾人服务需求与区残联的政策对比，解决部分残疾人的照料和经济问题，拉近居民与社工的关系，缓解残疾人与社区间的矛盾。第二步，打造"微爱家园"，并建立"1+5+5+1"的老年人服务模式。第三步，挖掘社区资产，助力社工服务的发展。2 名社工服务社区 10 名老年人志愿者骨干，老年人志愿者服务带动和发展 5 名社区低龄老年人，并各为 1 名"三无"、空巢老人提供服务，有效缓解了社区高龄空巢老人的照顾压力。

4. 强化沟通机制，协同周边其他 6 个小区，实现以点带面，推动同升街道社工站的发展

工作重点和工作思路明确后，如何有效引导社工尤其是新手社工执行好任务是一个很大的难题。面对业务上的不熟悉和机构给予的任务，他们显得很有压力。因为第一次接触社工，对社工的具体内容不清楚，社工思维暂未建立。同时，新聚园社区的居民来自长沙市各个区域，归属感不强；困难人群比较多，居民的素质不是很高。社工表示在与他们沟通的过程中很有压力：一是残疾人和老年人诉求比较多，对现状表示不满，面对他们的诸多问题，社工不知如何回应，很容易让自己的情绪受到困扰；二

是有些残疾人家居环境脏乱差，少数还有传染病，社工担心自己被传染，影响身体健康。同时，如何做好文书工作也是他们比较担心的内容。

为让站点社工快速进入角色，妥善应对新手社工的感受和压力，我在督导过程中采取了个别督导和同事督导的方式。

首先，倾听其心声，给予情感接纳，让其释放压力。其次，针对服务对象家居环境问题和社工对健康的担忧，在与机构充分沟通后，机构为员工提供消毒液、口罩，并做好员工体检。最后，针对员工工作技巧上的不足给予支持。如对残疾人入户需注意的事项及应做的准备工作、与服务对象的沟通技巧、如何快速记录，以及如何与社区工作人员进行沟通、协作等，通过示范、陪同和指出实际工作中存在的不足，快速提升社工能力。同时，引导机构内部开展同事督导，互相扶持，以此协助社工快速融入新的工作环境。

经过三个月到半年的时间，社工与社区不断磨合，逐步形成了协同的工作关系：社工们可以协助社区对低保、特困、"三无"等人员进行入户核查，进行数据汇总，协助活动开展；而社区工作人员可以协调场地、资源，甚至陪同社工共同处理比较难以沟通的服务对象。社会组织、社工、社区"三社联动"关系慢慢得以建立。之后的时间，尤其是社工进驻社工站一年以后，社工与社区的互助越来越好，社工也逐渐根据社区的需要提供一些反馈给督导者。我在督导的过程中，指导并带领社工深入理解社工站的定位和发展思路，并根据服务对象的需求设计成项目，共同推动社区服务开展。如把社区的低龄老年人培育发展为本社区的志愿者，带动他们服务社区的高龄老人；街道层面培育各社区的志愿者组织，引导他们参与社区营造。

三、我的督导感受

从对同升社工站督导的过程中，可以明显感受到，前一年的时间，社工们对于社工站的定位、如何有效开展服务，其实没有很清晰的思路，很多时候处于茫然状态，与街道和社区的沟通也更多依赖机构管理者或督导者，工作的开展也是根据机构管理层的意见或者督导者的指引走一步看一步。但当社工站运行 2 年后，社工们的思维和专业能力得到了很大的提升，他们可以针对低保、特困人群、老年人或者青少年儿童面临的问题，汇总部分需求，并能提出自己的思考和建议，会主动与街道、社区相关负责人进行提前沟通，形成了开发资源的思维，与督导者的默契度也越来越高。

从同升社工站以及大部分雨花区街道社工站的发展来看，很多社工站都是向某一类人群开展有针对性的服务，充分用到了个案、小组、社区活动的工作方法。但从成效来看，大多的社工站没有从更高的站位来看待社工站的发展，如如何把资源汇总、如何成为其他社会组织的纽带、如何真正发挥"三社联动"或者"五社联动"机制等。纵观乡镇社工站，乡镇社工站社工更多的是协助民政专干处理慰问、入户、统计、值勤等工作，且对于低保、救助、"两补"或者重大疾病申请等相关政策比较熟悉，但对于具体服务的推进，如在项目服务指标的解读、如何与服务对象有效建立关系、如何进行痕迹管理等方面又相对比较薄弱，社工的专业能力发挥不凸显。

四、督导过程中对行业、对社工站建设的思考

湖南省民政厅在社工站的发展规划中提出，前两年打基础，后一年创特色和品牌。如今3年周期已经结束，社工站的建设成效并不明显，社工个人专业能力的成长也不足。如何有效提升社工站的建设成效和个人的专业能力，我认为可以从以下几个方面入手。

一是组织各区、街道、乡镇民政领导学习相关文件，使基层领导清楚社工站的建设要求。社工站建设运行要基于当地实际情况，做好目标定位，而不仅仅是为了实现某些地区行政工作上的便利。相关部门的领导要明确需要解决的问题、预计达到的成效、需要提供的支持等，指导社工站做好清楚的年度计划。

二是加强社会工作机构间协作与交流。组织开展同领域服务的机构定期参访和交流，尤其是机构人员中有市局培养的督导者，须定期开督导见面会或者举办工作坊，推动不同社会工作领域标准化建设，如服务流程、服务内容、服务方法、服务管理等，推动建立行业规范标准。

三是建立评估和激励机制。按照评估结果不合格、合格、良好、优秀的标准给予不同的补贴，不合格的给予惩罚。

四是集中力量解决问题，发挥示范作用。目前社区治理、乡村振兴、

社区社工室作为热门议题，应该开展行动而不仅仅是做研究或讨论。区县民政局对于正在开展相关工作的站点尽量给予资源支持，如委派老师指导社区治理、乡村振兴等工作的开展。进一步培养社工提炼和梳理的能力。

（本文作者：长沙市初级督导陈平兰）

附 录

督导记录表

督导记录表

督导对象		督导者	
督导类型		督导方式	
督导时间		督导时长	

督导主题及内容

督导建议

社工感想体会/社工计划

社工（签名）：	督导者（签名）：
日期：　年　月　日	日期：　年　月　日

后 记

　　《社工站督导工作怎么做》一书是乡镇（街道）社工站实务丛书的其中一本，编写的初衷是为即将或已经成为社工站督导者的同人提供一本开展社工站督导工作的实用指南。本书的编者既有来自高校的专家学者，也有长期坚持一线督导的工作者，还有来自行业协会的负责人，大家的共同点是都在推动乡镇（街道）社工站建设工作中有过较长时间的实践、参与、观察、研究、思考。本书的内容来源既有对过往业内的督导成果的总结，也有来自广东"双百工程"、湖南"禾计划"等多个省市社工站建设的督导经验。下面请允许我们用一些篇幅来介绍本书的编者：负责编写第1章、第2章的为西北农林科技大学副教授郑永君和助教（中级社工师）阳清，此外，西北农林科技大学研究生吴义飞也参与了第1章的编写工作；负责编写第3章、第6章的为北京师范大学珠海校区社工专业教师袁小良博士；负责编写第4章、第7章的为东莞市鹏星社会工作服务社资深督导、高级社工师吴显连；负责编写第5章、第8章的为长沙市社会工作协会秘书长张晓熠，其中长沙市社会工作督导黎婷、刘润、陈平兰等提供了第8章中的督导故事资料。

　　本书从2022年4月开始组稿，收集了来自广东、湖南、贵州等地社工站建设推进过程中督导介入的做法、遇到的问题、提出的思考、解决的方式。从各地社工站建设的共性问题来看，社工站社工需要专业自信，现在普遍是转岗或者非经验人士运作社工站，认同感低，需要加强身份识别和认同，才能自信发挥专业效能；社工站社工需要赋能，比如专业知识的赋能，"五社联动"的赋能，嵌入体系的赋能；社工站社工助人手法需要从匹配能力、资源后的被动服务，转向深耕基层，情系于兜底对象，清晰服务需求之后，去匹配资源的主动作为。做好以上这些，督导这个载体可以发挥很好的作用。

　　由于收集的社工站督导工作样本还比较有限，所以还有更多地区的有益做法没有得以在本书中体现。在 2020 年之后，全国各省市（地区）的乡镇（街道）社工站有了全面推广，其中不乏许多面临的新问题、创新的新做法、提炼的新经验，鉴于时间和篇幅问题，无法在本书中全面展现，这是本书编写的遗憾之处。随着社工站督导工作的不断深化，本书编写时所提出的一些过程性或者建设性内容，不免也会与我们所面对的实际情形有所出入，因此，恳请读者批评指导。你的批评将会有助于我们更好地提升，有助于社会工作行业，尤其是乡镇（街道）社工站建设更好地发展。